Formação de professores
PESQUISAS, REPRESENTAÇÕES E PODER

Júlio Emílio Diniz Pereira

Formação de professores
PESQUISAS, REPRESENTAÇÕES E PODER

2 edição
1ª reimpressão

autêntica

Copyright © 2000 by Júlio Emílio Diniz Pereira

Capa
Jairo Alvarenga Fonseca

Editoração eletrônica
Waldênia Alvarenga Santos Ataide

Revisão
Alexandra Costa da Fonseca

D585f Formação de professores - pesquisa, representações e poder / Júlio Emílio Diniz. — 2 ed. 1. reimp. — Belo Horizonte: Autêntica, 2007.

168p. (Trajetória, 4)

ISBN 978-85-86583-72-8

1. Educação. 2. Formação de professores. I. Título. II Série.

CDU 37

371.13

2007

Todos os direitos reservados pela Autêntica Editora.
Nenhuma parte desta publicação poderá ser reproduzida,
seja por meios mecânicos, eletrônicos, seja via cópia xerográfica
sem a autorização prévia da editora.

Autêntica Editora
Belo Horizonte
Rua Aimorés, 981, 8º andar – Funcionários
30140-071 – Belo Horizonte – MG
TELEVENDAS: 0800 2831322
www.autenticaeditora.com.br
e-mail: autentica@autenticaeditora.com.br

São Paulo
Tel.: 0800 2831322
e-mail: autentica-sp1@autenticaeditora.com.br

À Izinha.
Apesar do diminutivo, uma grande mulher.

Sumário

Prefácio da 2ª edição   9

Apresentação   13

Debates e pesquisas no Brasil sobre formação docente   15

Formação de professores nas licenciaturas: velhos problemas, novas questões   53

Quem são os alunos das licenciaturas?   77

O que professores de um curso de licenciatura pensam sobre o ensino?   115

As licenciaturas e as lutas concorrenciais no campo universitário   137

Referências bibliográficas   161

PREFÁCIO DA
2ª EDIÇÃO

É com imenso *pesar*, caro leitor, que apresento a você a 2ª Edição deste livro. Explico a ironia desse meu "pesar". Como disse na apresentação da 1ª Edição, este livro reúne artigos escritos a partir da minha dissertação de Mestrado em Educação na Universidade Federal de Minas Gerais (UFMG). Alguns desses textos foram apresentados em congressos científicos da área educacional, como Reunião Anual da Associação Nacional de Pesquisa e Pós-graduação em Educação (ANPEd) e Encontro Nacional de Didática e Prática de Ensino (ENDIPE) e publicados nas respectivas coletâneas desses eventos. Outros são inéditos.

Apesar da pesquisa que deu origem a este livro ter sido realizada há mais de dez anos, causou-me espanto ouvir de um número considerável de pessoas, que, aliás, me incentivou a reimprimir o livro, que os temas discutidos aqui continuariam bastante atuais. Eu sempre respondia para essas pessoas, dizendo: "*Infelizmente*, você parece ter razão". E eu dizia "*infelizmente*" porque, se os resultados e as análises daquela pesquisa continuam válidos para se discutir a situação atual das licenciaturas, evidencia que pouca coisa mudou nesses cursos, nos últimos anos, apesar de alterações significativas na legislação brasileira sobre a questão da formação de professores no País.

Isso também mostra que ao trazer o tema das relações de poder no interior do campo universitário brasileiro e as licenciaturas, a pesquisa pareceu absolutamente correta ao concluir que os desafios colocados para a melhoria dos cursos de licenciatura, talvez sejam muito maiores que uma simples reforma curricular, mudanças nas ementas, nomes e carga horária das disciplinas ou mesmo na concepção de formação de professores que se tem hoje nas universidades.

O objetivo desta obra é, então, analisar a situação das licenciaturas nas universidades brasileiras, nos anos noventa. Para tal, estudo o *caso* da formação docente na UFMG e, mais especificamente, no curso de Ciências Biológicas dessa Universidade, deixando para o leitor a responsabilidade de fazer comparações com a realidade da formação de professores na sua instituição e de estabelecer as diferenças e as semelhanças entre o *caso* investigado e a situação por ele vivenciada. Apesar da diversidade e da heterogeneidade das licenciaturas no País, o propósito é buscar pontos e problemas comuns entre os cursos de formação dos profissionais da educação no Brasil.

O livro traz, no *Capítulo 1*, uma análise das principais publicações sobre formação docente no Brasil, no período de 1980 a 1995. A minha intenção é analisar as discussões e as pesquisas sobre esse tema no País, nesses quinze anos, para introduzir a questão específica das licenciaturas no capítulo seguinte.

No *Capítulo 2*, tem-se então uma discussão mais direcionada para os temas que são próprios da formação de professores nos cursos de licenciatura. A natureza desse texto também é de análise das principais referências nacionais sobre o tema. Inclui-se aqui a discussão sobre a formação docente nas universidades suscitada pelas alterações na estrutura jurídico-legal da educação brasileira a partir de 1996.

Os capítulos seguintes trabalham com dados da pesquisa empírica por mim realizada e concluída no ano de 1996. Com o propósito de traçar o perfil do aluno que opta por um curso de licenciatura, foram analisados no *Capítulo 3* dados do Vestibular da UFMG que apresentam as características sócio-econômico-culturais dos aprovados nesse exame.

Nas duas últimas partes, a discussão tem como eixo a relação entre ensino e pesquisa na universidade e seus reflexos para as licenciaturas. No *Capítulo 4*, o objetivo é analisar as representações que professores de um curso de licenciatura têm acerca de aspectos ligados ao ensino. E, finalmente, o *Capítulo 5* traz resultados de uma investigação sociohistórica realizada no curso de Ciências Biológicas da UFMG, por meio da análise dos conflitos de natureza simbólica decorrentes de interesses em oposição no *campo acadêmico*. O propósito nesses dois últimos capítulos é buscar subsídios para uma melhor compreensão da situação atual de menor *status* acadêmico das licenciaturas nas universidades brasileiras e das conseqüentes dificuldades enfrentadas por esses cursos para implementação de mudanças significativas. Com isso pretende-se buscar novos elementos para a compreensão da formação inicial de professores no País.

Por fim, este livro destina-se a todos os interessados na temática da formação de professores. Mais especificamente, esta obra é endereçada àqueles envolvidos direta ou indiretamente nos cursos de formação docente das instituições de ensino superior: alunos das licenciaturas, professores das diferentes redes de ensino — um dia alunos desses cursos de formação —, professores universitários ou gestores da educação superior.

APRESENTAÇÃO

O livro de Júlio Emílio Diniz Pereira trata de um velho problema da área da educação em nosso país, mas a partir de uma perspectiva nova. Tendo sua própria formação situada no domínio das ciências naturais — Licenciatura em Biologia —, ele aborda o problema da formação de professores a partir do "lado de lá". Com isso quero dizer que seu estudo se identifica com uma pequena minoria de análises emitidas, não exatamente a partir da área estrita da educação, ou pedagógica, mas do outro pólo, dos chamados institutos específicos. Júlio se alinha assim ao lado de um seleto número de pesquisadores, como ele vindos das áreas científicas, mas reconhecidos pelo seu interesse sobre problemas da formação de professores e pelas finas análises que a eles vêm dedicando. Apenas para ilustração menciono alguns deles: Miriam Krasilchik, Ana Maria Pessoa de

Carvalho, Dario Fiorentini, João Bosco Pitombeira, entre outros, infelizmente não muito numerosos.

No momento em que são vivamente discutidas as implicações das atuais políticas governamentais sobre a formação dos nossos professores, o livro de Júlio aparece como muito oportuno. A partir da pesquisa desenvolvida em seu curso de mestrado em educação, ele retoma e reavalia os velhos percalços pelos quais vem passando a formação do professor pela via da licenciatura. Mas além desse balanço atualizador, ele empreende uma jornada às origens do curso de Licenciatura em Biologia, ou melhor, de História Natural da UFMG, onde ele mesmo se licenciou. Por meio de uma análise de cunho histórico, trabalhando com documentos e depoimentos, ele oferece uma contribuição bastante rara entre os estudos disponíveis sobre o curso de licenciatura. Com cuidado, ele vai revelando traços indicadores da forte influência do modelo então seguido pela USP sobre o incipiente curso proposto pela UFMG, em outras circunstâncias e sem os mesmos recursos. Utilizando os conceitos de *campo* e de *estratégia* de Bourdieu, ele propõe um quadro explicativo bastante original, situando o curso de licenciatura, na época, no centro de lutas por poder e prestígio, as atividades de ensino e de pesquisa representando papéis bastante distintos dos que lhes seriam atribuídos com o passar do tempo.

Enfim, suas análises e reflexões atingem em cheio o cerne de um dos problemas cruciais da formação de professores, até hoje ainda não resolvido satisfatoriamente: o papel que cabe à universidade.

Menga Lüdke

DEBATES E PESQUISAS NO BRASIL SOBRE FORMAÇÃO DOCENTE

O objetivo deste capítulo é analisar as principais discussões acadêmicas sobre formação docente no Brasil no período compreendido entre 1980 e 1995. Para tal, foi realizado um levantamento de livros, artigos das mais importantes revistas da área educacional, trabalhos publicados em anais de encontros e seminários, relatórios de pesquisas, além de teses e dissertações.[1] O tema da formação de professores passou a ser destaque das principais conferências e seminários sobre educação no país, sobretudo a partir do final da década de 70 e

---

[1] É importante ressaltar a relevância que tiveram para este trabalho de análise bibliográfica, três publicações que sistematizaram boa parte da produção na área de formação de professores, no Brasil, em períodos distintos, a saber: Feldens (1983; 1984), de 1972 a 1981; Candau (1987), de 1982 a 1985 e, finalmente, Lüdke (1994), de 1988 a 1994. Todavia, a existência dessas obras não nos livrou, obviamente, da leitura das principais referências analisadas por essas autoras e de outras não contempladas em seus trabalhos.

início dos anos 80, quando estava em discussão em âmbito nacional a reformulação dos cursos de Pedagogia e Licenciatura.

Anos 70: o treinamento do técnico em educação

Segundo Candau (1982), na primeira metade da década de 70, sob influência da psicologia comportamental e da tecnologia educacional, a maioria dos estudos privilegiava a dimensão técnica do processo de formação de professores e especialistas em educação. Nessa perspectiva, o professor era concebido como um organizador dos componentes do processo de ensino-aprendizagem (objetivos, seleção de conteúdo, estratégias de ensino, avaliação etc.) que deveriam ser rigorosamente planejados para garantir resultados instrucionais altamente eficazes e eficientes. Conseqüentemente, a grande preocupação, no que se refere à formação do professor, era a instrumentalização técnica.

Feldens (1984, p. 17), endossa a análise anterior, afirmando que nessa época havia uma visão funcionalista da educação, em que a "experimentação, racionalização, exatidão e planejamento tornaram-se as questões principais na educação de professores". Segundo a mesma autora, a maioria dos estudos sobre formação de professores, publicados até 1981, indica uma preocupação com os métodos de treinamento de professores. De uma maneira geral, a maior parte dos artigos analisados refere-se a estudos puramente descritivos, seguidos por investigações experimentais.

A partir da segunda metade da década de 70, inicia-se um movimento de oposição e de rejeição aos enfoques técnico e funcionalista que predominaram na formação de professores até esse momento. Nessa época, de acordo com Candau (1982), por influência de estudos de caráter filosófico e sociológico, a educação passa a ser vista como uma prática social em íntima conexão com o sistema político e econômico vigente. A partir dessa posição, a prática dos professores deixa de ser considerada neutra e passa a constituir-se em uma prática educativa transformadora. Segundo Feldens (1984), as teorias sociológicas que consideravam a escola como reprodutora das relações sociais, chegaram às universidades brasileiras, aos centros de formação de professores, no mesmo período. Apesar de serem um elemento importante para a compreensão dos problemas do ensino e da formação de professores, essas teorias apresentavam também seus limites. A própria escola passa a ser vista como um espaço de contradições, em que novas idéias e mudanças podem ser iniciadas.

Assim, até os últimos anos da década de 70, "as licenciaturas eram estudadas fundamentalmente nos seus aspectos funcionais e operacionais". (CANDAU, 1987, p. 37) A partir daí, as limitações e insuficiências desse enfoque são cada vez mais denunciadas. "Emerge com força a busca para situar a problemática educacional, a partir de e em relação com os determinantes históricos e político-sociais que a condicionam" (Idem, p. 37).

Na década de 80, esse movimento de rejeição à visão de educação e de formação de professores predominante na época ganha força. A tecnologia educacional passou a ser fortemente questionada pela crítica de cunho marxista. Essa tendência reagiu violentamente à forma neutra, isolada e desvinculada de aspectos político-sociais, pela qual a formação docente foi fundamentalmente tratada até a década anterior.

Anos 80: a formação do educador

De acordo com Santos (1992), nos primeiros anos da década de 80, o debate a respeito da formação do educador privilegiou dois pontos básicos: o caráter político da prática pedagógica e o compromisso do educador com as classes populares.

É importante ressaltar que essa mudança de enfoque na formação de professores expressou, segundo Candau (1987, p. 37), "o próprio movimento da sociedade brasileira de superação do autoritarismo implantado a partir de 1964 e de busca de caminhos de redemocratização do país". Nesse contexto, ampliou-se bastante o debate sobre a formação de professores. Tem-se a seguir uma apresentação dos principais temas em discussão a respeito da formação docente no Brasil, a partir dessa década.

O "quadro negro" da educação brasileira

A vinculação dos problemas da formação do professor às dificuldades gerais enfrentadas pela educação brasileira foi bastante defendida a partir do final da década de 70. Ignorar tais dificuldades, segundo Balzan & Paoli (1988, p. 149), "seria reincidir nos erros do pedagogismo ingênuo, que acredita ser possível atingir a melhoria da escola independente daquilo que se passa no contexto de vida e condições de trabalho do professor".

A denúncia da crise educacional brasileira e a concomitante defesa de melhores condições de trabalho e salários dignos para o magistério aparece com freqüência nos textos sobre formação de professores. Essa questão está entre os temas consensuais do debate e, infelizmente, continua sendo um problema bastante presente nas discussões atuais.

Gadotti (1987), após tecer várias críticas ao sistema de ensino brasileiro, inserido num contexto de uma sociedade capitalista dependente, analisa a situação da educação nacional no início dos anos 80. Segundo o autor,

> a deteriorização da educação é conseqüência dessa política orientada pela tecnoburocracia a serviço do estado burguês, que não quer investir em qualidade, já que o lucro — a sua finalidade — provém da quantidade e não da qualidade. Ele transformou a "educação em mercadoria", sujeita à lei do capital, da oferta e da procura, como uma mercadoria qualquer. Incentivou a "privatização do ensino" e da cultura porque não interessa ao capital investir em educação através do Estado, visto que pode utilizar os eventuais recursos destinados à educação para empreendimentos de retorno mais imediato. (Idem, p. 12. Grifos do original.)

Balzan & Paoli (1988) procuram explicar essa degeneração do sistema educacional brasileiro. De acordo com os autores, aconteceu a partir do final dos anos 60 e início da década de 70, de uma forma muito paradoxal, uma valorização ao máximo da educação no *discurso* governamental acompanhada de uma significativa redução dos recursos públicos destinados ao setor de uma maneira geral.

A expansão da rede de ensino, evidenciada pelo aumento do número de vagas e de matrículas nas escolas, não foi acompanhada de investimentos proporcionais por parte do governo na área educacional. Houve, conseqüentemente, uma demanda de um número cada vez maior de professores para uma população escolar crescente. Essa nova exigência foi, de certa forma, atendida pela expansão do ensino superior privado e da criação indiscriminada de cursos de Licenciatura em faculdades isoladas, bem como pela permissão do exercício profissional por pessoas não-habilitadas, os chamados "professores leigos". Segundo Candau (1987, p. 46), a literatura especializada da época analisa de diferentes ângulos a situação do magistério no país, "mas [os autores] confluem para identificar a *desvalorização* e *descaracterização* como o eixo central da problemática do magistério como profissão". (Grifos do original.) Esse processo de desvalorização e descaracterização se expressa, segundo Balzan (1985, p. 17), "na progressiva queda dos salários reais dos professores", responsável pela sobrecarga de suas atividades e conseqüente queda da qualidade de ensino.

A organização do trabalho na escola também foi responsabilizada por essa situação de descaracterização da atividade docente. Cury (1982) aponta em seu artigo como a organização social do trabalho dentro da escola, fragmentando o conteúdo e parcelarizando o processo de ensino, retirou do educador, em especial do professor, o controle sobre a totalidade de sua prática. Segundo o autor, por meio da divisão entre trabalho de execução e trabalho de concepção

> o professor foi sendo paulatinamente esvaziado dos seus instrumentos de trabalho: do conteúdo (saber), do método (saber fazer), restando-lhe agora, quando muito, uma técnica sem competência (...) (Idem, p. 59)

Criticou-se, veementemente, na época, a lógica da empresa produtiva que se fazia presente no sistema de ensino. Essa organização resultou do processo de "taylorização" da educação a que esta foi fortemente submetida nos anos anteriores. De acordo com Teixeira (1985, p. 442), a organização burocrática do sistema de ensino e da escola e a fragmentação do trabalho pedagógico geraram uma escola autoritária, onde o controle é a única garantia para a sua manutenção e onde a impressão que se tem é que professores e especialistas de educação, alienados e descompromissados, perdem dia-a-dia a sua autonomia e o seu espaço de ação.

Dessa maneira, reformas nos cursos de formação de professor teriam apenas um efeito parcial sobre sua prática. Essa idéia foi reforçada e ampliada em um importante texto do professor Miguel Arroyo. A tese da deformação do professor, a partir do momento em que ele se engaja na prática escolar, é tão importante neste debate que será abordada no item a seguir, separadamente.

A deformação do profissional do ensino

Arroyo (1985) introduz nesse debate uma questão fundamental: "Quem deforma o profissional do ensino?" Ao levantar essa indagação, o autor chama atenção para outras dimensões, normalmente não-explicitadas, que determinam o fracasso do trabalho docente na escola. Nas suas palavras:

> O peso desmotivador não apenas da falta de condições de trabalho, da instabilidade no emprego, das relações hierárquicas, do universo burocrático, da condição de simples assalariado a que vem sendo submetido o profissional do ensino, nada de tudo isso é levado em conta quando se identificam as determinantes do fracasso escolar. (Idem, p. 11)

Ele critica, então, a ênfase dada à defesa da formação do profissional da escola, como maneira de garantir a qualidade do ensino praticado na mesma, sem ao menos mencionar os processos "deformadores" e "desqualificadores" aos quais esses profissionais estão submetidos.

Ou seja, o que o autor questiona é o fato do debate centrar-se na "formação" do professor e não na sua *"deformação"* a partir do momento que se insere no mercado de trabalho. Nos dizeres do próprio autor, enfatiza-se "formar o profissional que será deformado no próprio trabalho" (Idem, p. 12).

O mesmo autor afirma que as reformas e as políticas governamentais estão, geralmente, focalizadas nessa suposição: "no dia em que tivermos educadores mais qualificados, teremos resolvido os problemas da educação". Esse é um dos mitos naturalmente aceitos no meio educacional e que nos leva a uma simplificação do problema. As condições materiais são geralmente esquecidas ou marginalizadas. Dessa forma, observa-se o estabelecimento de uma relação mecânica entre o preparo do professor e o seu êxito ou fracasso no processo. Para Arroyo, "a desqualificação do mestre é apenas um dos aspectos da desqualificação da própria escola" (Idem, p. 7).

O autor conclui ressaltando a importância de uma redefinição dessa organização do trabalho na escola para revitalização dos próprios centros de formação dos profissionais do ensino:

> Se é importante, pois, insistir na falta de preparo dos profissionais de ensino e na desfiguração sofrida pelos centros de formação, não é de menor importância insistir nessas transformações ocorridas na organização do trabalho a que são submetidos esses profissionais. Nossa hipótese é que essas transformações estão na raiz do despreparo profissional e na desfiguração dos cursos que deveriam formá-lo. (Idem, p. 14)

Dessa forma, a discussão sobre a formação de professores amplia-se quando o contexto da escola, a falta de condições materiais do trabalho docente, a condição de assalariado do professor passam a ser considerados temas importantes no debate.

Magistério: bico, vocação ou profissão?

O processo de desvalorização e descaracterização do magistério, evidenciado pela progressiva perda salarial por parte dos professores e pela precária situação do seu trabalho na escola determinou, a partir do final da década de 70 e início da de 80, o surgimento das primeiras greves de professores das escolas públicas de 1º e 2º graus, desencadeando um movimento de luta por melhores salários e condições do trabalho docente. No entanto, Ribeiro (1982) relata a dificuldade de mobilização dos docentes e considera a concepção do magistério como sacerdócio e o forte contigente feminino como aspectos reforçadores da fragmentação da categoria.

Kreutz (1986), em seu artigo, procura desmistificar essa concepção de magistério como sacerdócio, como "vocação nobre e santa", apresentando suas raízes histórico-culturais e realçando as implicações conservadoras e autoritárias da mesma. De acordo com esse autor,

> essa concepção de magistério [como vocação] dificulta a participação efetiva dos professores na organização da categoria profissional e na luta pelas reivindicações salariais. Além de dificultar a ação mais efetiva entre os professores, cria a resistência da própria sociedade em relação ao movimento dos mesmos, pois lhe cobra uma postura vocacional, de doação. (Idem, p. 16)

Haguette (1991) amplia essa discussão e levanta a seguinte questão a respeito da identidade do trabalho docente: "trata-se de um bico, uma vocação ou uma profissão?" Observa-se que aos dois elementos definidores já presentes no debate, "vocação" ou "profissão", soma-se um terceiro, o "bico", como conseqüência do total descaso com a carreira do professor no país.[2] Nas palavras do próprio autor,

> Hoje, o trabalho na educação fundamental e de 2º grau é, "de fato", um bico; "no discurso", uma vocação; e, "como veleidade", uma profissão. (Idem, p. 109. Grifos do original)

Esse quadro da educação como "bico" traz graves conseqüências para a qualidade do ensino nas escolas, analisa o autor. Em primeiro lugar, do professor que exerce seu trabalho como "bico" não pode ser exigida competência, assiduidade e dedicação, já que essa atividade, não exercida em tempo integral, é mal remunerada e muitas vezes acumulada com outros empregos. Além do mais, o trabalho como "bico" não é permanente, mas assumido "até que amanhã se encontre algo melhor". Segundo o autor, cria-se assim um círculo da mediocridade em que o empregador (estado, município) finge que remunera e o empregado (o professor) finge que trabalha.

Em segundo lugar, essa situação funcional e esse regime de trabalho, somados aos baixíssimos salários, geram insegurança e desmotivação. Essa insatisfação, por sua vez, dificulta a busca de um aperfeiçoamento por parte do professor. A dificuldade de participação em cursos de especialização e aperfeiçoamento dá-se

---

[2] A definição de "bico", segundo o autor, é simples e bastante conhecida. Trata-se de um "trabalho exercido em tempo parcial com objetivo principal de obter uma recompensa monetária, por menor que seja". Segundo ele, "uma pessoa aceita um bico ou porque não consegue um emprego melhor que assegure uma renda mensal compatível, ou porque já possui outros empregos (ou mesmo bicos) que, agregados, permitem alcançar um melhor rendimento." Geralmente, "o trabalho não oferece satisfação pessoal: ruim com ele, pior sem ele. O bico é, portanto, um expediente ou um artifício na estratégia da sobrevivência." (HAGUETTE, 1991, p. 111)

em função da falta de incentivo, apoio, interesse e, mesmo, "tempo" para isso. "Não é difícil, portanto, perceber o efeito nocivo de semelhantes condições de trabalho para o sistema educacional como um todo" (Idem, p. 112).

De acordo com essa linha de raciocínio, Haguette (1991) afirma que a ideologia da "vocação" não passa de um artifício de autodefesa para agregar forças e levar em frente o serviço. Nas palavras do autor, trata-se de

> uma revanche, isto é, um consolo, um doce, uma colher-de-chá autoprotetora e autovalorativa diante do descrédito e do abandono infligido ao trabalho pelas autoridades. Tudo se passa como se o professor dissesse a si mesmo: "É verdade, sou mal pago, minha escola está abandonada, não tenho nem cartilhas para ensinar, mas pelo menos exerço um trabalho sagrado. (Idem, p. 115)

O aviltamento salarial e a participação cada vez menor na execução do seu próprio trabalho revelou a existência de um crescente processo de proletarização do profissional do ensino. Nesse contexto, as análises sobre o magistério procuraram enfatizar essa situação de ambivalência do professorado, entre o profissionalismo e a proletarização.[3] O docente é visto ora como profissional, ora como trabalhador proletarizado. Segundo Hypolito (1991), no Brasil, o processo de proletarização do professor é acelerado. Nas suas palavras:

> Há alguns anos era muito nítida a figura do professor como um profissional autônomo, dono de um saber, com controle sobre o seu trabalho e gozando de um reconhecimento público que o tornava uma autoridade em muitas comunidades. Hoje os professores, em sua maior parte, são identificados como

---

[3] Hypolito (1991); Ramalho & Carvalho (1994).

assalariados, participantes de sindicatos fortes, com pouca qualificação e pouco controle sobre o seu trabalho. (Idem, p. 12.)

A questão da feminização do magistério e as implicações desse processo para a situação do trabalho docente passou a ser tema de diversos trabalhos[4], principalmente a partir da segunda metade da década de 80. A composição feminina da força de trabalho na educação, pelas condições históricas de submissão da mulher, teriam contribuído para a proletarização da categoria e dificultado a profissionalização.

Em síntese, as condições do trabalho docente e a questão da situação da carreira de magistério são mais uma vez enfocadas no debate sobre a formação de professores e a discussão sobre a proletarização do magistério ganha novo sentido quando aliada à discussão sobre gênero.

A função da educação escolar na prática social

Na primeira metade dos anos 80, a temática função da educação escolar passou a ser amplamente discutida nos meios educacionais. De acordo com Candau (1987), a literatura educacional da época assume uma perspectiva crítica em relação aos anos anteriores, em que a discussão sobre a função social da escola praticamente não existia. Não se podia admitir, como freqüentemente acontecia, a escola como uma instância isolada ou independente da prática social global. Segundo essa autora, "a afirmação da *função mediadora da educação*", no seio da prática social global, emerge com força nos trabalhos publicados nesse período" (Idem, p. 37. Grifo do original).

---

[4] Bruschini & Amado (1988); Cardoso (1991); Lopes (1991); Louro (1989); Nunes (1985).

A prática educativa deveria estar, então, necessariamente vinculada a uma prática social global. Ou seja, "a concretização efetiva do processo de transmissão-assimilação do saber elaborado, de uma maneira ou de outra, é o ato mesmo de instrumentalizar os educandos para sua prática social mais ampla" (OLIVEIRA, 1985, p. 7).

A educação, como mediação no seio da prática social, não deveria ser entendida como uma mera ponte, ou como uma instância propedêutica para a prática social que se desenvolveria posteriormente. Mas precisaria ser compreendida

> enquanto atividade que mantém um movimento recíproco, dentro dessa prática mais ampla, durante todo o processo de produzir-se, além de ser também um momento [os anos de escolaridade] na vida dos indivíduos de uma determinada sociedade. (OLIVEIRA, 1985, p. 8)

Resumindo, ressalta-se, principalmente na primeira metade da década de 80, a importância do professor em seu processo de formação conscientizar-se da função da escola na transformação da realidade social dos seus alunos e ter clareza da necessidade da prática educativa estar associada a uma prática social mais global.

Formar professores ou educadores?

Como foi dito anteriormente, havia no início dos anos 80 um descontentamento generalizado com a formação docente no Brasil. Na literatura especializada, a insistência na utilização da palavra *educador* em vez de *professor* pela maioria dos autores da época confirma essa insatisfação, quase unânime, com o profissional formado até o momento. Parece existir também, nesse procedimento, a necessidade de demarcar o surgimento de um novo tempo para a educação brasileira, em que ficasse caracterizado o rompimento com o período anterior. Saviani (1982, p. 14), por exemplo, ao apresentar uma estratégia para a reformulação dos cursos de Pedagogia e Licenciatura, afirma que "o essencial é formar o educador". Segundo Santos (1992, p. 137), durante todo esse debate foi muito enfatizada a idéia de que as licenciaturas e o curso de Pedagogia deveriam, antes de tudo, formar o "educador". Ressaltava-se, assim, "a primazia do ato de educar sobre o ato de ensinar".

A figura do *educador* dos anos 80 surge, então, em oposição ao *especialista de conteúdo*, ao *facilitador de aprendizagem*, ao *organizador das condições de ensino-aprendizagem*, ou ao *técnico da educação* dos anos 70. Dessa forma, pretendia-se que os *educadores* estivessem cada vez menos preocupados com a modernização de seus métodos de ensino e com o uso de recursos tecnológicos e, cada vez mais, percebessem seu papel como de um agente sócio-político.

Essa distinção, *educador* versus *professor*, permaneceu forte até a segunda metade da década de 80, quando alguns questionamentos começaram a surgir. Nagle (1986), por exemplo, critica essa antinomia que se estabeleceu entre *professor* e *educador*, argumentando:

> Já vem causando um pouco de irritação o uso indiscriminado da palavra educador, porque neste país nem se forma o professor direito e já se julga que se deve, em lugar de professor, formar o educador. Outra palavra mágica esta, que já faz parte da linguagem comum, sem que se saiba bem o que é o educador. (Idem, p. 167)

Ao entrar nos anos 90, parece que tal dicotomia passou a ser considerada uma questão de menor importância.

Todavia, é indiscutível que essa diferenciação, *educador* de um lado e *professor* de outro, tornou-se algo imprescindível na primeira metade da década de 80, quando procurou-se romper com o modelo tecnicista vigente anteriormente.

Competência técnica e compromisso político

De acordo com Candau (1987, p. 43), na primeira metade dos anos 80, perpassa como pano de fundo da quase totalidade da literatura que focaliza a questão do papel do professor, a discussão sobre as relações entre competência técnica e compromisso político do educador.

Como foi dito anteriormente, o essencial para a maioria dos autores do final dos anos 70 e início dos 80 seria formar o *educador*, enfatizando o caráter político da formação desse profissional. Depois dos primeiros anos da década de 80, a preocupação com a formação técnica do professor assumiu maior importância no debate. Segundo Santos (1992, p.138), sem desconsiderar a questão da formação política do futuro docente, enfatizava-se a necessidade de uma formação técnica que envolvesse tanto o conhecimento específico de determinado campo quanto o conhecimento pedagógico. O *educador*, então, deveria ser formado sob dois aspectos distintos e indissociáveis: a competência técnica e o compromisso político. Nesse contexto, ainda no dizer da autora, "foi colocada a questão da competência técnica como condição necessária para o educador assumir um compromisso político" (Idem, p. 138). Todavia, esse foi mais um dos pontos não-consensuais que emergiu durante a discussão.

O debate sobre competência técnica e compromisso político do educador foi um dos mais polêmicos acontecido nesse período e parece ter sido fomentado com a publicação do livro de Mello (1982). A tese central desse livro sugere que a função política da educação escolar, ou seja, o compromisso político do professor cumpre-se pela mediação da competência técnica, ou então, que a passagem do senso comum à vontade política se dá pela mediação da competência técnica.[5] Nos dizeres da própria autora:

> O sentido político da prática docente, que eu valorizo, se realiza pela mediação da competência técnica e constitui condição necessária, embora não suficiente, para a plena realização desse mesmo sentido político da prática docente para o professor. (MELLO, 1982, p. 44)

O lançamento dessa tese suscitou algumas perplexidades no meio acadêmico, principalmente entre os autores de tendências marxista e gramsciana, que temiam que as idéias lançadas pelo livro em questão significassem um retorno a "um novo e disfarçado tecnicismo pedagógico" (NOSELLA, 1983, p. 91).

De acordo com esse autor (Idem, p. 96), "a competência técnica não é jamais um momento prévio para o engajamento político, ela já é um engajamento político".

No dizer do mesmo autor, "ideologicamente a bipolaridade entre competência e incompetência técnica mascara uma segunda e mais radical bipolaridade. Isto é, entre

---

[5] Por competência técnica a autora entendia como sendo "o domínio adequado de saber escolar a ser transmitido, juntamente com a habilidade de organizar e transmitir esse saber de modo a garantir que ele seja efetivamente apropriado pelo aluno" e, também, "uma visão relativamente integrada e articulada dos aspectos relevantes mais imediatos de sua própria prática" e, ainda, "uma compreensão das relações entre o preparo técnico que recebeu, a organização da escola e os resultados de sua ação" e, por fim, "uma compreensão mais ampla das relações entre escola e sociedade" (MELLO, 1982, p. 43).

o conceito de competência para a cultura dominante e o de competência para as classes emergentes" (Idem, p. 91). Por fim, sugere uma mudança no subtítulo do trabalho da autora: "do compromisso político a uma nova competência técnica", em que haveria necessidade do rompimento com a velha competência técnica que implicava em um compromisso político reacionário ou conservador e no surgimento de uma nova competência técnica comprometida com as massas trabalhadoras (Idem, p. 93).

Saviani (1983), como orientador das duas teses acima citadas, a de Guiomar Namo de Mello e a de Paolo Nosella, resolve atuar como mediador na discussão que havia sido travada. Segundo esse autor,

> em última instância, a perspectiva do Paolo converge com a de Guiomar já que também ele, no fundamental, aceitaria a tese segundo a qual a função política da educação (escolar) se cumpre também, embora não somente, pela mediação da competência técnica. (Idem, p. 132)

Intencionalmente, Saviani (1983) denomina seu artigo de "competência política e compromisso técnico", na tentativa de "romper a vinculação entre a técnica e competência de um lado, e política e compromisso, de outro".

Candau (1982), sem participar diretamente dessa polêmica, chega a defender a formação de educadores em uma perspectiva multidimensional, na qual, deveriam estar integradas "uma dimensão humana, uma dimensão técnica e uma dimensão político-social". Segunda a autora,

> estas dimensões não podem ser visualizadas como partes que se justapõem, ou que são acrescentadas umas às outras (...). O desafio está exatamente

em construir uma visão integrada em que, partindo-se de uma perspectiva de educação como prática social inserida num contexto político-social determinado, no entanto não são deixadas num segundo plano as variáveis processuais. Contextos e processo são vistos em articulação onde a prática educativa quotidiana (...) assume uma perspectiva político-social. (Idem, p. 21)

Oliveira (1983) insere nessa discussão alguns aspectos práticos que foram levantados a partir de uma experiência com alfabetização de adultos, na Universidade Federal de São Carlos (UFSCar). No processo de aprender a ser educador "técnico + político", a autora detectou duas tendências, aparentemente, opostas: "ênfase no chamado político ou ênfase no técnico" (Idem, p. 26). Na primeira, "o político na educação foi reduzido ao ato de 'falar sobre', de denunciar, de 'debater a respeito de'" (Idem, p. 26). Na segunda tendência, tratou-se de "realizar bem a técnica, porque 'agora é mais político tratar da técnica do que do político'" (Idem, p. 27). Ou seja:

> Em síntese, a função política da educação nesse caso se processa só no "dizer", mas não também no "fazer", ou melhor dizendo, o "fazer" da função política da educação se reduziu ao momento de "dizer", "do falar sobre" etc. O "fazer pedagógico" propriamente dito permaneceu quase inalterado (...). (Idem, p. 26-27)

O difícil processo de aprender a ser educador "técnico + político" em uma sociedade capitalista dependente é respaldado pelas palavras de Candau (1987, p. 45), ao se referir à experiência citada:

> A experiência relatada evidencia a dificuldade na prática educativa da articulação dimensão técnica e compromisso político. Torna patente que a discussão

dos meios educacionais tem se situado, fundamentalmente, no nível dos princípios. Fica claramente explicitada a necessidade de trabalhar esta questão no nível da prática pedagógica concreta.

A questão levantada por Oliveira (1983), em seu relato de experiência, introduz um elemento não menos importante no debate: a relação teoria e prática na formação de professores.

Teoria e prática na formação do professor

A relação teoria e prática foi um dos problemas que mais fortemente emergiu na discussão da formação de professores. Essa é uma questão recorrente nesse debate e, ainda hoje, não saiu de pauta.

A maioria dos artigos publicados na primeira metade dos anos 80 foi influenciada pelas reflexões levantadas por Vasquez (1977).[6] O trabalho de Candau & Lelis (1983), por exemplo, fundamentado nesse autor, analisa as formas de conceber a relação entre teoria e prática e suas implicações para a formação do educador.

De acordo com as autoras, uma das formas de se discutir essa questão — aliás, a mais comum — está centrada na "separação" entre a teoria e a prática, na qual esses dois elementos podem ser considerados componentes isolados e mesmo opostos ou, sob outro ponto de vista, pólos separados, mas não opostos. Nesse último caso, o primado é, geralmente, da teoria. A prática deve ser uma aplicação da teoria. Ela propriamente não inventa, não cria, não introduz situações novas. A inovação vem sempre do pólo da teoria. As mesmas autoras, fundamentadas em Chauí, afirmam que essa maneira

---

[6] VASQUEZ, A. S. *Filosofia da práxis*. Rio de Janeiro: Paz e Terra, 1977.

dicotômica e hierarquizada de separar teoria e prática se relaciona, em última instância, com a perspectiva positivista de conceber o mundo.

Nessa mesma direção, Santos (1991; 1992) fundamenta-se nos trabalhos de Donald Schon para discutir essa relação entre a teoria e a prática na organização dos cursos profissionais. Schon afirma que o processo de formação de profissionais, inclusive o de professores, sofre grande influência do "modelo da racionalidade técnica". Segundo ele, no modelo da racionalidade técnica, a atividade do profissional é sobretudo instrumental, dirigida para a solução de problemas mediante a aplicação rigorosa de teorias e técnicas científicas. Nos dizeres desse autor,

> com a separação institucional entre pesquisa e prática, por um lado, espera-se que os pesquisadores forneçam a ciência básica e aplicada e as técnicas dela derivadas para diagnosticar e resolver problemas da prática, por outro, espera-se que os profissionais forneçam aos pesquisadores problemas para o estudo e o teste da utilidade dos resultados das pesquisas. (Apud SANTOS, 1992, p. 140)

O papel do pesquisador é, então, considerado diferente e, ao mesmo tempo, superior ao papel do profissional engajado na prática, cujas habilidades a ela ligadas são, portanto, "consideradas um conhecimento de segunda classe em comparação com o conhecimento teórico que lhes dá base".

Esse modelo permeia todo o contexto da vida profissional e está presente nas relações entre pesquisa e prática e também nos currículos da educação profissional. Conseqüentemente,

> o currículo dos cursos profissionais é estruturado de tal forma que os conhecimentos teóricos e as

> técnicas das ciências básicas e aplicadas antecedem as atividades centradas na habilidade em usar teorias e técnicas para solucionar problemas práticos". (Idem, p. 140)

Um dos grandes equívocos do modelo da racionalidade técnica, segundo Schon, é que, nessa perspectiva, a prática profissional está centrada na questão da solução de problemas. No entanto, mais importante para a atividade profissional é a própria estruturação dos problemas, uma vez que estes não se apresentam ao profissional já definidos ou dados. Schon ressalta, então, o papel da reflexão na prática profissional.

> Através da prática da reflexão-em-ação, o profissional, diante de uma situação que ele não pode converter em um problema gerenciável, poderá chegar a soluções depois de construir uma nova forma de estruturar o problema. (Idem, p. 142)

Na sua opinião, "quando o profissional reflete na ação, ele se torna um pesquisador no contexto prático". Agindo dessa forma, o profissional não separa "o pensar do fazer, elaborando uma decisão a qual mais tarde ele precisa converter em ação. Porque sua experimentação é um tipo de ação, a implementação está contida em sua investigação". Schon argumenta, então, que "a reflexão-na-ação pode ser uma prática rigorosa e tornar-se um instrumento importante na atividade profissional".

As reflexões de Schon, segundo Santos (1992, p. 139), partem de uma análise da "crise de confiança no conhecimento profissional, tanto por parte do público como por parte do próprio profissional". A universidade, por ser a principal instância formadora desses profissionais, inclusive de professores, passou a receber duras críticas pela sua insuficiência no cumprimento dessa função.

Universidade e formação de professores

A publicação do livro *Universidade, escola e formação de professores*, em 1986, resultado de um seminário realizado no ano anterior em São Paulo, desencadeou um processo de autocrítica das instituições de ensino superior brasileiras na sua relação com o ensino de 1º e 2º graus e do seu papel na formação de docentes para esses níveis de ensino.

O primeiro parágrafo da apresentação desse livro trouxe explícito aquilo que será uma constante em toda a obra: uma crítica severa à universidade devido ao seu descaso com a questão da formação de professores e da educação em geral:

> A universidade tem relegado a segundo plano a formação de professores. Mesmo as "campanhas em defesa da escola pública" que há décadas polarizavam debates e discussões, já não conseguem ser retomadas com o mesmo vigor. A universidade, de fato, afastou-se da construção de uma nova escola. (CATANI, 1986, p. 7)

Os diversos autores que participaram desse seminário e assinaram os textos que fazem parte dessa coletânea não pouparam críticas à universidade devido ao seu não-cumprimento na tarefa de formar professores. Vejamos um exemplo:

> De tudo que foi dito, chega-se a uma conclusão bastante simples: a da ausência de um projeto robusto para a Licenciatura, especialmente para a universidade pública. Esta é uma negligência que pode ser considerada criminosa, porque atinge todo o ideário da escola pública e gratuita, com repercussões desastrosas em toda a população — professores e alunos — que participa da escola de 1º e 2º graus. (NAGLE, 1986, p. 166)

Mais especificamente, as críticas ao não cumprimento dessa função concentram-se no desprestígio com que as atividades didático-pedagógicas são consideradas, no próprio seio das universidades, em comparação com as atividades de pesquisa. Segundo Menezes (1986, p.120),

> a universidade tem aceitado formar professores como espécie de tarifa que ela paga para poder "fazer ciência em paz". A universidade tem que assumir a formação do professor como tarefa, como uma de suas tarefas centrais.

Alvarenga (1991) também denuncia, em seu artigo, o descaso com que as questões relativas ao ensino são tratadas nas universidades brasileiras, principalmente se comparadas à pesquisa.

> A Universidade não tem assumido a formação do professor como uma de suas tarefas centrais. Há, mesmo, autoridades universitárias (inclusive na UFMG) que julgam poder a Universidade declinar dessa tarefa, passando a se preocupar apenas com a formação do pesquisador, deixando as Licenciaturas a cargo das instituições particulares.
> (...)A relutância com que as tarefas docentes são aceitas em alguns setores da Universidade (quase todo mundo detesta dar aulas), ou frases repetidas em tom de brincadeira, mas reveladoras de preconceitos arraigados ("ainda há candidatos para a Licenciatura?", "a universidade seria ótima se não tivesse alunos", "fulano vai ser castigado por sua baixa produtividade, vamos lhe impingir a coordenação de uma disciplina básica neste semestre" e outras) refletem o pensamento de boa parte da comunidade acadêmica e mostram que o menosprezo pelas atividades educacionais não fica restrito apenas à formação de professores. (Idem, p. 11)

Lüdke (1994), em estudo sobre a situação dos cursos de Licenciatura, feito por solicitação do Conselho de Reitores das Universidades Brasileiras (CRUB), constata que a formação de professores é percebida como uma atividade que vem sendo exercida contra as forças dominantes na universidade, ou seja, formar professores significa "remar contra a maré". No dizer da autora:

> Dentro do modelo que inspira a universidade brasileira, a formação de professores ocupa um lugar bastante secundário. Nele as prioridades são concentradas nas funções de pesquisa e elaboração do conhecimento científico, em geral consideradas como exclusividade dos programas de pósgraduação. Tudo o que não se enquadra dentro dessas atividades passa, em geral, para um quadro inferior, como são as atividades de ensino e formação de professores. As universidades costumam se avaliar, mutuamente, medindo-se através de sua produção científica, em geral traduzida pelo número de trabalhos publicados por seus professores, muitas vezes com maior repercussão entre seus colegas de área no exterior, do que aqui, no próprio país. (Idem, p. 6)

Conseqüentemente, a formação de professores "não é uma atividade valorizada, não recebe incentivos nem estímulos e, até, pode acarretar, para os que a ela se dedicam, uma certa reputação um pouco inconveniente, na medida em que os afasta das atividades nobres ligadas usualmente à pesquisa" (Idem, p. 7).

A ordem hierárquica instalada na academia universitária, em que "o poder vai claramente decrescendo à medida que se troca a atividade de pesquisa pela de ensino ou qualquer coisa relacionada com a educação", é capaz de confirmar essa situação. Segundo a autora:

no primeiro escalão se situam os professores cujas atividades predominantes são as de cunho científico e de pesquisa; no segundo estão os que desempenham tanto atividades de pesquisa como atividades de ensino; no terceiro, finalmente, estão confinados aqueles professores cujas atividades se concentram no ensino e na formação de professores. (Idem, p. 7)

A linha geral da literatura educacional analisada pelo estudo de Lüdke aponta para a confirmação de que prevalece em nossas universidades um modelo que privilegia a pesquisa e a pós-graduação em detrimento dos cursos de graduação e, especialmente, às licenciaturas. "Como um todo a universidade não assumiu por inteiro a responsabilidade, que é sua por natureza, sobre a formação de professores" (Idem, p. 50). Conseqüentemente, não se deve estranhar o grande distanciamento entre a universidade e os sistemas de ensino de primeiro e segundo graus, para os quais ela se encarrega de formar professores.

Para Balzan & Paoli (1988, p. 151), os inúmeros problemas das condições de trabalho dos professores no Brasil,

> não eximem a responsabilidade das instituições de ensino superior de procurarem realizar uma boa formação dos seus alunos, ultrapassando para isso os seus discursos e revendo as suas realidades práticas, de modo a permitir a entrada da vida real do ensino dentro do seu espaço aparentemente morto. Caso contrário, estarão sendo também tão cínicas quanto os governos, o Estado e o capitalismo, que são objeto de suas críticas.

Segundo Gatti (1992, p. 70), "há uma certa inércia nas universidades quanto a repensar as licenciaturas". Enquanto isso, as instituições isoladas de ensino superior, cuja maioria funciona em condições precárias, com pessoal de qualificação discutível, assumem o papel na formação de professores.

André (1994, p. 75) sugere alternativas para a universidade na sua relação com o ensino médio e fundamental. Além de "implementar práticas mais eficazes de formação dos futuros professores, poderia oferecer espaço e recursos humanos para um processo contínuo de capacitação docente", poderia "estruturar um programa de assessoria pedagógica às escolas e aos professores", incumbir-se da "elaboração de programas e de material didático, favorecendo a aproximação entre o saber produzido na academia e o saber escolar". A autora conclui afirmando que essas e inúmeras outras iniciativas poderiam ser tomadas pela universidade "beneficiando não apenas a capacitação dos docentes e o ensino nas escolas, mas em especial o próprio trabalho das universidades".

O que se ouve, então, é um grito indignado de parte da comunidade acadêmica em relação ao descaso das universidades brasileiras com as questões que envolvem o ensino de graduação e, especialmente, os cursos de formação docente. Ressalta-se nessas falas a situação de menor prestígio acadêmico das licenciaturas em relação aos cursos de formação de pesquisadores. Essa discussão voltará a ocorrer nos anos 90, levantando a questão do ensino e da pesquisa na universidade e seus reflexos nos cursos de formação profissional.

Anos 90: a formação do professor-pesquisador

As mudanças ocorridas no cenário internacional, a partir do final dos anos 80, repercutiram no pensamento educacional e mais especificamente na produção sobre a formação de professores.

As Ciências Sociais e, mais especificamente, a Educação, defrontam-se na virada da década de 80 para a de 90 com a denominada "crise de paradigmas". Nesse contexto, o pensamento educacional brasileiro e os estudos sobre formação do professor voltam-se crescentemente para a compreensão dos aspectos microsociais, destacando e focalizando, sob novos prismas, o papel do agente-sujeito. Nesse cenário, privilegia-se hoje, a *formação do professor-pesquisador*, ou seja, ressalta-se a importância da formação do profissional reflexivo, aquele que pensa-na-ação, cuja atividade profissional se alia à atividade de pesquisa.

De acordo com Santos (1995, p. 2-3), atualmente,

> busca-se entender como o professor, mergulhado na cultura pedagógica e institucional da escola, constrói sua identidade profissional. Busca-se estudar sua história profissional e sua história de vida, analisando como estas se cruzam. Busca-se conhecer como, durante a sua formação inicial (pré-serviço), ou antes dela, e através do exercício de sua profissão, o professor vai desenvolvendo um saber sobre seu ofício.

Segundo a autora, "a formação do professor precisa ser analisada com base em teorias que estabeleçam relações entre o pessoal e o social, o coletivo e o individual ou entre agência e estrutura" (Idem, p. 7). Fica clara então a preocupação em aliar as visões "micro" e "macro" na discussão sobre formação de professores.

A seguir será discutido como a formação do professor passa a ser analisada nesse novo contexto. Tem-se uma apresentação dos principais temas em discussão a respeito da formação de professores nos primeiros cinco anos da década de 90. Além de autores brasileiros, serão utilizadas contribuições de pesquisadores estrangeiros, cuja produção tem influenciado a literatura nacional sobre o tema.

A relação ensino-pesquisa na formação de professores

Como vimos anteriormente, surgem no meio acadêmico, principalmente a partir da segunda metade da década de 80, várias denúncias sobre o descaso com que as questões relativas ao ensino são tratadas nas universidades brasileiras, especialmente se comparadas ao tratamento dispensado à pesquisa.

Lüdke & André (1986), argumentam que, mesmo no meio acadêmico, geralmente tem-se uma idéia mistificada do trabalho do cientista, ou seja, da pesquisa. Nas palavras das autoras:

> encontramos por vezes, entre nossos alunos e até mesmo na literatura especializada, uma certa indicação de que a atividade de pesquisa se reservaria a alguns eleitos, que a escolheram, ou por ela foram escolhidos, para a exercer em caráter exclusivo, em condições especiais e até mesmo assépticas em sua torre de marfim, isolada da realidade. (Idem, p. 2)

Essas autoras estão de acordo com a idéia de que a pesquisa não se realiza em uma estratosfera situada acima da esfera de atividades comuns e correntes do ser humano. Chegam a ressaltar que, "como atividade humana e social, a pesquisa traz consigo, inevitavelmente, a carga de valores, preferências, interesses e princípios que orientam o pesquisador" (Idem, p. 3). Por isso, defendem:

> a pesquisa bem dentro das atividades normais do profissional da educação, seja ele professor, administrador, orientador, supervisor, avaliador etc. Não queremos com isso subestimar o trabalho da pesquisa como função que se exerce rotineiramente, para preencher expectativas legais. O que queremos é aproximá-la da vida diária do educador,

em qualquer âmbito em que ele atue, tornando-a um instrumento de enriquecimento de seu trabalho. Para isso é necessário desmistificar o conceito que a encara como privilégio de alguns seres dotados de poderes especiais, assim como é preciso entendê-la como atividade que requer habilidades e conhecimentos específicos. (Idem, p. 2-3)

De acordo com Celani (1988, p. 159), "o importante é desmistificar a pesquisa como algo ao alcance apenas de alguns eleitos, de preferência situados na universidade". Como vimos anteriormente, os trabalhos de Donald Schon ressaltam o papel da reflexão na prática profissional. Segundo esse autor, o profissional que "reflete na ação", torna-se um *pesquisador* no contexto prático.

Soares (1993) destaca em seu texto a necessária interação, na formação do professor, entre produção do conhecimento e socialização do conhecimento. Em outras palavras, entre pesquisa e ensino. Nos dizeres da autora,

> na formação do professor, ensinam-se (socializam-se) os "produtos" que serão por ele, por sua vez, ensinados (socializados), na área específica em que vai atuar; não se socializam os *processos* que conduziram a esses produtos. A influência da pesquisa na formação do professor estará, assim, não apenas, e talvez, até, nem sobretudo, na presença, nessa formação, da pesquisa com a finalidade de proporcionar acesso aos produtos mais recentes e atualizados da produção do conhecimento da área, mas na possibilidade de, através da convivência com a pesquisa e, mais que isso, da *vivência* dela, o professor apreender e aprender os processos de produção de conhecimento em sua área específica. Porque é apreendendo e aprendendo esses processos, mais que apreendendo e aprendendo os produtos do conhecimento em sua área específica, que o professor estará habilitado a ensinar, atividade

que deve visar, fundamentalmente, aos processos de aquisição do conhecimento, não apenas aos produtos. (Idem, p. 114. Grifos do original)

Segundo essa autora, "além de uma necessária interação entre produção de conhecimento (pesquisa) e socialização do conhecimento (ensino), é preciso avançar e reconhecer a indissociabilidade entre uma e outra" (Idem, p. 115).

Constata-se assim a defesa da formação do "professor investigador", com objetivo de articular teoria e prática pedagógica, pesquisa e ensino, reflexão e ação didática. A maioria dos autores analisados defende a associação do ensino e da pesquisa no trabalho docente. Porém, a separação explícita entre essas duas atividades no seio da universidade e a valorização da pesquisa em detrimento do ensino (de graduação) no meio acadêmico têm trazido prejuízos enormes à formação profissional, e particularmente, à formação de professores.

Saber escolar, saber docente e formação prática do professor

Grande parte das análises da Sociologia da Educação direcionou-se nos anos 90 para o estudo do cotidiano escolar, interessando-se pela investigação daquilo que se convencionou chamar de "saberes escolares". Santos (1995, p. 3) destaca nessa década as análises sobre o "saber docente" e afirma que alguns trabalhos "têm se voltado para o estudo dos processos através dos quais se desenvolve a formação prática do professor, durante o desempenho de sua atividade profissional". Esses estudos "buscam captar como no cotidiano da escola, no dia-a-dia de sua atividade, o professor vai adquirindo um saber sobre sua profissão. A análise sobre a constituição deste saber inclui estudos sobre a cultura e o cotidiano da escola" (Idem, p. 4).

Esses estudos, ao distinguirem as especificidades dos saberes científicos e dos saberes escolares, parecem contribuir para a desmitificação da idéia de que compete ao pesquisador produzir o conhecimento, resultados de suas pesquisas, e ao professor cabe a simples tarefa de ensinar, ou seja, reproduzir e transmitir esses saberes já produzidos. De acordo com Nóvoa (1992, p. 16), as escolas

> legitimam um saber produzido no exterior da produção docente, que veicula uma concepção dos professores centrada na difusão e na transmissão de conhecimentos; mas são também um lugar de reflexão sobre as práticas, o que permite vislumbrar uma perspectiva dos professores como profissionais produtores de saber e saber-fazer.

Segundo Perrenoud (1993, p. 25), "ensinar é, antes de mais nada, fabricar artesanalmente os saberes tornando-os ensináveis, exercitáveis e passíveis de avaliação no quadro de uma turma, de um ano, de um horário, de um sistema de comunicação e trabalho". É o que Chevallard, fundamentado em Verret, designa por "transposição didática".

Para Chervel (1990), os "saberes escolares" constituem entidades culturais próprias, criações didáticas originais. Esse autor recusa a imagem de uma escola como "receptáculo de subprodutos culturais da sociedade". Considera a escola como sendo também verdadeiramente produtora ou criadora de configurações cognitivas e de *habitus* originais. O saber escolar possui, então, identidade própria e não se constitui em um saber derivado e transposto, inferiorizado em relação ao saber científico. Em síntese, o autor defende a tese de que as disciplinas escolares apresentam autonomia em relação às ciências ou aos saberes de referência dos quais tratam.

Para Forquini (1992), a educação escolar não se limita a fazer uma seleção entre os saberes e os materiais culturais disponíveis em um dado momento em uma sociedade. Ela deve também, a fim de os tornar efetivamente transmissíveis, efetivamente assimiláveis para as jovens gerações, se entregar a um imenso trabalho de reorganização, de restruturação, de transposição didática. A ciência do erudito não é diretamente comunicável ao aluno. É preciso a intercessão de dispositivos mediadores, a longa paciência de aprendizagens metódicas e que não deixam nunca de dispensar as muletas do didatismo. Esse autor, fundamentado em Verret, afirma que "toda prática de ensino de um objeto pressupõe a transformação prévia deste objeto em objeto de ensino".

No Brasil, vários autores corroboram as análises anteriores. Por exemplo, Santos (1993), baseando-se em estudos na área da Sociologia do Currículo, também afirma que "o conhecimento escolar pode ser visto como resultado da apropriação pedagógica do conhecimento produzido pelos diferentes campos do saber". Essa autora, fundamentada em Bernstein, considera que o conhecimento escolar pode ser entendido como o resultado de recontextualizações sucessivas do discurso de um campo intelectual ou de uma área de conhecimento. Segundo ele, o discurso de um campo de conhecimento é deslocado de seu campo original e realocado na escola, onde é recontextualizado de acordo com a "gramática do aparelho escolar".

De acordo com Penin (1995, p. 8), "uma opinião muito aceita é a de que o saber veiculado pelas diferentes disciplinas escolares constitui uma forma simplificada do que está estabelecido no âmbito de seu saber de referência." Conseqüentemente, o ensino é, geralmente, considerado um trabalho mais simplificado do que a atividade do cientista, a pesquisa. Para Penin,

> a escola cria ou produz ela própria um saber específico, a partir, de um lado, da confrontação entre os conhecimentos sistematizados disponíveis na cultura geral e, de outro, daqueles menos elaborados, provenientes tanto da "lógica" institucional quanto das características da profissão, como ainda da vida cotidiana escolar.
>
> O professor, no exercício da função social que escolheu, vai construindo um conhecimento sobre o ensino, ao mesmo tempo que pretende partilhar com os alunos o resultado da sua elaboração a respeito dos saberes e conhecimentos culturais a que tem acesso. (Idem, p. 7-8)

Pelo exposto, parece ser o papel do professor bem mais complexo do que a simples tarefa de transmitir o conhecimento já produzido. O professor, durante a sua formação inicial ou continuada, precisa compreender o próprio processo de construção e produção do conhecimento escolar, entender as diferenças e semelhanças dos processos de produção do saber científico e do saber escolar, conhecer as características da cultura escolar, saber a história da ciência e a história do ensino da ciência com que trabalha e em que pontos elas se relacionam. Esses elementos constituem apenas uma das características do trabalho docente e, sem desconhecer as outras dimensões, já revelam e demonstram a sua complexidade.

A formação continuada do professor

A interação entre a universidade e a escola de 1° e 2° graus passou a constituir um importante tema deste debate, principalmente a partir do final da década de 80.

Nesse período, começaram a surgir as primeiras críticas aos chamados cursos de "treinamento em serviço" ou de "reciclagem" oferecidos pelas instituições de ensino superior aos professores daqueles graus de ensino. Segundo Celani (1988, p. 158-9),

> os termos *reciclagem* e *treinamento* sugerem preocupação com um produto, enquanto o que parece seria desejável é uma forma de educação continuada; um processo, portanto, que dê ao professor o apoio necessário para que ele mesmo se eduque, à medida que caminha em sua tarefa de educador. Uma forma permanente de educação, que não tendo data fixa para terminar, permeie todo o trabalho do indivíduo, eliminando, conseqüentemente, a idéia de um produto acabado (por exemplo, dominar uma nova técnica) em um momento ou período determinados." (Grifos do original)

Os cursos de "treinamento em serviço" ou de "reciclagem" foram considerados insuficientes, porque, além de serem esporádicos, não são, na maioria das vezes, calcados nas necessidades dos professores. "A linha mestra deve ser a convicção de que a educação continuada do professor será tanto mais efetiva quanto maior for o envolvimento do próprio professor na busca de soluções para seus problemas" (CELANI, 1988, p. 160).

Nóvoa (1992), referindo-se ao contexto europeu, afirma que nos últimos dez anos o centro das preocupações deslocou-se da formação inicial para a continuada. Para ele é fundamental que se aborde a formação continuada de professores a partir de três eixos: a pessoa do professor e sua experiência; a profissão e seus saberes, e a escola e seus projetos. De acordo com o primeiro eixo, esse autor afirma que

> a formação não se constrói por acumulação (de cursos, de conhecimentos ou de técnicas), mas sim

através de um trabalho de reflexividade crítica sobre as práticas e de (re)construção permanente de uma identidade pessoal. Por isso é tão importante investir na pessoa e dar um estatuto ao saber da experiência. (Idem, p. 25)

Quanto ao segundo eixo, esse autor, fundamentado em Goodson, reafirma "a necessidade de investir a práxis como lugar de produção do saber e de conceber uma atenção especial às vidas dos professores" (Idem, p. 25). A formação continuada deve, então, estimular os professores a se apropriarem dos saberes de que são portadores, "no quadro de uma autonomia contextualizada e interativa, que lhes permita reconstruir os sentidos de sua ação profissional", rejeitando todos os dispositivos de supervisão e avaliação que reduzam o controle sobre as suas práticas e sobre a sua profissão.

O terceiro eixo aponta para o fato de que não basta mudar o profissional; é preciso mudar os contextos em que eles intervêm. Segundo Nóvoa, as escolas não podem mudar sem o empenho dos professores e estes não podem mudar sem uma transformação das instituições em que trabalham. "O desenvolvimento profissional dos professores tem que estar articulado com as escolas e seus projetos".

As reflexões sobre formação continuada do professor contribuem para a compreensão de que a formação desse profissional não termina com a sua diplomação na agência formadora, mas completa-se "em serviço". Segundo Santos (1995, p. 8), "é de fundamental importância compreender que a formação do professor começa antes mesmo de sua formação acadêmica e prossegue durante toda a sua atividade profissional". Isso inclui a "aceitação do fato de que o professor é um eterno aprendiz" (CELANI, 1988, p. 160). Essa mesma autora defende a integração entre a formação continuada do professor e a sua formação inicial, afirmando que a vivência da realidade da sala de aula permitirá mais facilmente a promoção junto ao futuro professor da conscientização de seu papel de pesquisador em sala de aula. É importante desenvolver a consciência de que ele não é mero receptor de conhecimentos e utilizador de técnicas pré-fabricadas. (Idem, p. 159)

Em um sentido mais amplo, esses estudos nos auxiliam no entendimento de que a formação de professores está indissociada da produção de sentidos sobre suas vivências e sobre suas experiências de vida. Ou seja, é importante ressaltar que "o futuro professor já chega aos cursos de formação profissional com imagens introjetadas sobre a função da escola e da educação e sobre o papel do professor" (SANTOS,1995, p. 8). Assim, na proposta da autora,

> os estudos sobre a formação de professores devem aliar as experiências acadêmicas e profissionais dos docentes com suas experiências pessoais, no sentido de captar como vão sendo construídos valores e atitudes em relação à profissão e à educação em geral. (Idem, p. 8)

A formação continuada do professor ou a também chamada formação do professor "em serviço", rompendo com a visão anterior de "cursos de reciclagem", reforça a idéia de legitimidade de um saber, o "saber docente", que se constrói a partir do ingresso dos sujeitos no mercado de trabalho, ou seja, reafirma-se a autenticidade de uma formação que se processa em um contexto prático. Essa discussão faz explicitar a natureza transitória e provisória dos cursos de formação inicial, oferecidos pelas instituições de ensino superior, porém, não descartando sua importância na formação docente. Apenas esclarece que a formação acadêmica do professor localiza-se entre uma formação que inicia-se antes mesmo de seu ingresso na universidade e uma outra que prossegue durante toda a sua vida profissional.

O debate sobre a formação de professores apresenta, ao longo das últimas décadas, elementos de conservação e de mudança. A recorrência de alguns temas nos dá a impressão de estarmos discutindo os mesmos problemas durante anos e mesmo décadas atrás sem, no entanto, conseguir solucioná-los. Essa sensação parece ser ainda mais forte no debate específico sobre a problemática das licenciaturas. Ao mesmo tempo, é possível perceber o surgimento de novos temas, novas questões, que parecem apontar para novos caminhos, tanto para a formação de professores em geral como, especificamente, para os cursos de Licenciatura.

Para além do aparecimento de novas temáticas, a análise da literatura educacional aponta para importantes mudanças na forma de conceber a formação de professores. Do treinamento do *técnico em educação*, na década de 70, observa-se a ênfase na formação do *educador* na primeira metade dos anos 80 e, nos 90, um redirecionamento para a formação do *professor-pesquisador*.

Essas modificações na concepção da formação de professores parecem refletir diferentes formas de conceber o trabalho docente na escola ao longo dos anos. De mero transmissor de conhecimentos, neutro, preocupado com o seu aprimoramento técnico, o professor passa a ser visto como agente político, comprometido com a transformação social das camadas populares. Sem perder de vista a dimensão anterior, porém de uma forma, talvez, menos ingênua e ideológica, privilegia-se, na década atual, a visão do professor como profissional reflexivo, que pensa-na-ação e cuja atividade se alia à pesquisa.

As mudanças na maneira de se pensar a formação de professores não garantem, porém, mudanças, alterações e inovações imediatas nos cursos de formação docente, especificamente nas licenciaturas. A efetivação de mudanças nesse âmbito parece ser mais lenta e seguir um caminho mais complexo.

A FORMAÇÃO DE PROFESSORES NAS LICENCIATURAS: VELHOS PROBLEMAS, NOVAS QUESTÕES

O objetivo deste capítulo é analisar os principais problemas das licenciaturas apontados pelos autores que se dedicam ao estudo da formação inicial de professores no Brasil. Serão apresentados os dilemas que persistem nesses cursos desde sua origem, as perspectivas de superação desses problemas e as novas questões colocadas pela LDB (9394/96).

O estudo de Lüdke (1994), sobre as licenciaturas no Brasil, revela a existência, na literatura educacional, de "um considerável conjunto de idéias, reflexões, análises e sugestões que nos ajudam a visualizar a situação atual dos cursos de Licenciatura e de seus problemas". Todavia, a autora alerta que, até os últimos anos da realização da pesquisa, não se pode dizer que a discussão sobre os problemas da Licenciatura tenha ocupado muito os nossos estudiosos. Com a aprovação da nova

LDB, a partir de dezembro de 1996, novas publicações enfocando a questão da formação de professores nas licenciaturas voltam a aparecer com intensidade no meio acadêmico.

Parece consenso, entre os autores, que a situação atual dos cursos de Licenciatura é insustentável. Parece existir também em relação às licenciaturas um sentimento generalizado de que as coisas ali não mudam e de que os problemas que hoje discutimos são praticamente os mesmos desde sua criação. Aliás, o estudo de Lüdke constatou que grande parte dos problemas vividos pela Licenciatura remontam às suas origens e persistem não-resolvidos.

Um breve histórico sobre as licenciaturas no Brasil

Nesta parte do texto analisaremos, sinteticamente, como se deu a evolução do debate a respeito dos principais problemas enfrentados pelas cursos de formação de professores, mais especificamente pelas licenciaturas.

Como se sabe, as licenciaturas foram criadas, no Brasil, nas antigas Faculdades de Filosofia nos anos 30, principalmente como conseqüência da preocupação com a regulamentação do preparo de docentes para a escola secundária. Elas surgiram seguindo a fórmula "3 + 1", em que as disciplinas de natureza pedagógica, cuja duração prevista era de *um* ano, estavam justapostas às disciplinas de conteúdo, com duração de *três* anos.

O movimento pela reformulação dos cursos de formação de educadores no Brasil, iniciou-se no final da década de 70 e foi pensado, originalmente, como bandeira de luta para a reformulação dos cursos de Pedagogia, sendo a discussão posteriormente estendida à reforma das licenciaturas. Esse movimento articulou-se mais enfaticamente em 1980, com a instalação, durante a I Conferência Brasileira de Educação, em São Paulo, do Comitê Nacional Pró-Formação do Educador[1], representando ainda uma forte oposição ao conjunto de indicações apresentado pelo MEC — a chamada "Proposta Valnir Chagas" — visando à alteração dos cursos de formação de professores no país.

A Proposta Valnir Chagas determinou a criação das licenciaturas de 1º grau de curta duração, as chamadas "licenciaturas curtas", o que contemplava a idéia de formar o professor polivalente.[2] Das cinco áreas propostas pela Indicação nº 23/73 (Comunicação e Expressão, Educação Artística, Educação Física, Estudos Sociais e Ciências), apenas as de Educação Artística (Resolução nº 23/73) e Ciências (Resolução nº 30/74) foram regulamentadas por Resoluções. Segundo Candau (1987), foi principalmente a de Ciências que desencadeou todo um movimento de reação ao novo sistema de formação de professores. Essa proposta do

---

[1] Esse Comitê foi criado com objetivo de articular as atividades de professores e alunos voltados para a reformulação dos cursos de formação docente no Brasil. As discussões iniciais visavam encaminhar mudanças no currículo de Pedagogia. Mais tarde, esse movimento de reestruturação se estendeu aos demais cursos de licenciatura. O Comitê Pró-Formação do Educador, segundo Brzezinski (1992, p. 78), "promovia debates, estudos e discussões e divulgava o conhecimento produzido em âmbito nacional sobre a questão da reformulação dos cursos de Pedagogia com apoio de instituições universitárias, escolas de 1º e 2º graus e associações científicas e educacionais". Inicialmente, com sede em Goiânia, o Comitê se transferiu, em 1982, para São Paulo, após intensos debates na Reunião Anual da Sociedade Brasileira para o Progresso da Ciência.

[2] De acordo com Candau (1987), "na verdade, a Licenciatura de 1º grau não era em si uma idéia nova. Na década de 60, já haviam sido criados cursos superiores de 'curta duração' com o objetivo de formar professores para a escola média." Para autora havia uma diferença básica entre as duas propostas: "Enquanto que nos anos 60 ela tinha um caráter emergencial, e portanto transitório, nos anos 70, ela surge como um processo regular de formação de professores e ganha inclusive uma justificativa pedagógica: a de formar o professor polivalente".

MEC fomentou o debate a respeito da formação de professores no país. No dizer de Candau (1987, p. 28):

> A "Proposta Valnir Chagas", a despeito da sua não homologação, teve, indubitavelmente, o mérito de reabrir, a nível das faculdades de educação e de outras agências interessadas no processo de formação de educadores, o debate em torno da questão, amortecido após 1968, com a implantação da Reforma Universitária e o recrudescimento da repressão política junto às universidades.

Em 1981, o Comitê Pró-Formação do Educador solicitou às universidades que participassem dos seminários regionais promovidos pela Secretaria de Ensino Superior (SESu) do MEC para debater o tema "Reformulação dos Cursos de Preparação de Recursos Humanos para a Educação". A insuficiência da discussão, em extensão e profundidade, nesses seminários e por não conseguir envolver a totalidade dos interessados na formação do educador, fez com que eles tomassem um caráter de "reuniões preparatórias", que deveriam convergir num Encontro Nacional.

Após a divulgação da síntese dos resultados dos seminários regionais, o MEC decidiu pela realização, em novembro de 1983, do "Encontro Nacional do Projeto de Reformulação dos Cursos de Preparação de Recursos Humanos para a Educação", em Belo Horizonte, que culminou com a criação da Comissão Nacional de Reformulação dos Cursos de Formação do Educador (CONARCFE)[3].

---

[3] A CONARCFE, segundo Brzezinski (1992), foi criada, em substituição ao Comitê Pró-Formação do Educador, num contexto de tensão entre educadores e representantes do MEC no Encontro Nacional. "Na realidade, a instalação da CONARCFE marcou o distanciamento entre as posições defendidas por educadores em âmbito nacional e as indicações dimensionadas pelos órgãos oficiais, que obstacularizavam o avanço do movimento". (Idem, p. 79)

O documento final do I Encontro Nacional[4], de acordo com Brzezinski (1992, p. 79), evidenciou "o início do desatrelamento das 'amarras' oficiais". Nesse documento, "encontram-se as exigências feitas ao Estado pelos educadores, consideradas fundamentais e indispensáveis ao desenvolvimento de propostas de reformulação de cursos".

A partir de 1983, a questão específica das "licenciaturas curtas", assim como os demais problemas da Licenciatura Plena, tornaram-se ponto de pauta das diversas instâncias de discussão do Movimento Nacional de Reformulação dos Cursos de Formação de Educadores.

Em relação à questão específica das "licenciaturas polivalentes", a cada ano os documentos finais dos encontros nacionais desse movimento reafirmam a necessidade de extinção das licenciaturas curtas e parceladas, a médio ou longo prazo e a não-autorização do funcionamento de novos cursos desta natureza.

Sobre os demais problemas das licenciaturas, esses documentos e demais artigos têm apontado a necessidade de superar algumas dicotomias e desarticulações existentes nesses cursos. Destaca-se o complexo problema da dicotomia teoria e prática, refletido na separação entre ensino e pesquisa, no tratamento diferenciado dispensado aos alunos do bacharelado e da licenciatura, na desvinculação das disciplinas de conteúdo e pedagógicas e no distanciamento existente entre a formação acadêmica e as questões colocadas pela prática docente na escola.

---

[4] Segundo Braga (1988), a elaboração desse documento contou com grande participação de professores ligados ao curso de Pedagogia, mas com pequena participação de professores ligados às licenciaturas.

Licenciaturas: alguns dilemas

Como já sabemos, os problemas da profissão docente no Brasil são inúmeros e excedem os próprios limites dos cursos de formação acadêmica. As questões conjunturais trazem graves conseqüências aos cursos de Licenciatura, como, por exemplo, a mudança no perfil do aluno que opta por seguir a carreira de magistério. Em relação a esse aspecto, Lüdke (1994) traçou em seu estudo um perfil dos alunos que demandam atualmente os cursos de formação de professores. Segundo a autora,

> o aluno que busca os cursos de Licenciatura o faz mais por pressão pela obtenção de um possível emprego imediato em um mercado de trabalho cada vez mais difícil, do que propriamente por uma inclinação especial pelo magistério. É um aluno que na maioria das vezes já trabalha, não necessariamente no próprio magistério, e que dispõe de pouco tempo e poucos recursos para desenvolver um curso de boa qualidade.

Para completar esse quadro, existem alguns problemas inerentes aos cursos de Licenciatura que são recorrentes e, por isso mesmo, podem ser considerados "dilemas" que persistem, desde sua origem, sem solução.

Separação entre disciplinas de conteúdo e disciplinas pedagógicas

Como vimos anteriormente, a Licenciatura iniciou-se entre nós com a fórmula "3 + 1", em que as disciplinas pedagógicas estavam justapostas às de conteúdo, sem haver um mínimo de articulação entre esses dois universos. Hoje, como se sabe, esse modelo ainda não foi totalmente superado, já que as disciplinas de conteúdo, de responsabilidade dos institutos básicos, precedem e ainda pouco articulam-se com as pedagógicas, que ficam a cargo da Faculdade de Educação. Como Menezes (1986) bem definiu, seguindo esse esquema, "o licenciado é concebido pela universidade como um meio-bacharel com tinturas de pedagogia".

Segundo Carvalho & Vianna (1988), entre os problemas mais importantes da Licenciatura, "o primeiro é o de institutos de conteúdos específicos e faculdades de educação não assumirem a co-responsabilidade nas estruturas curriculares". Essa falta de integração entre as faculdades de educação e as unidades de conteúdo tem dado origem a uma clara separação entre o *que* e o *como* ensinar.

A separação entre disciplinas de conteúdo e pedagógicas constitui-se em um *dilema* que, somado a outros dois — a dicotomia existente entre Bacharelado e Licenciatura e a desarticulação entre formação acadêmica e realidade prática — contribuem para a fragmentação dos atuais cursos de formação de professores.

Bacharelado X Licenciatura

Em muitas universidades brasileiras, mais especificamente, nas unidades de conteúdos específicos, existem dentro de um mesmo curso as modalidades Licenciatura e Bacharelado, aparecendo assim uma duplicidade em seus objetivos: formar professores e pesquisadores.

A maioria dos autores acusa uma valorização maior do Bacharelado por sua relação com a formação do pesquisador e um certo descaso com a Licenciatura por sua vinculação com a formação do professor, refletindo, desse modo, o desprezo com que as questões relacionadas ao ensino e, mais especificamente, ao ensino fundamental e médio, são tratadas nas universidades. Segundo Carvalho & Vianna (1988),

> os professores dos institutos de conteúdo têm muito maior interesse em lecionar primeiramente disciplinas da pós-graduação e, depois, do Bacharelado, onde poderão orientar alunos para serem novos pesquisadores. São estes cursos os mais disputados pelo corpo docente, são os de elite, onde estão os alunos com "melhor formação" e que obviamente darão melhores frutos. A Licenciatura é, portanto, o curso desprezado, com alunos de "pior formação", aqueles que não têm "queda" para a pesquisa, ou até mesmo, "aqueles que não querem nada".

Nas Faculdades de Educação, por sua vez, existe uma certa passividade em relação aos cursos de Licenciatura. Muitas contentam-se "em dar apenas a complementação pedagógica, mínima e necessária, estipulada por lei aos diversos conteúdos específicos". Nessas unidades acontece um fenômeno muito semelhante ao ocorrido nos institutos de conteúdo: "as disciplinas da Licenciatura são as de segunda opção na escolha dos professores". A maioria dos docentes prefere trabalhar com as do curso de Pedagogia, pois, segundo as autoras, "é muito mais gratificante trabalhar com alunos que falam a mesma linguagem, que têm os mesmos ideais de vida e para os quais é possível acompanhar a trajetória acadêmica, quem sabe até a pósgraduação". Desamparada tanto nas unidades de conteúdo específico quanto na Faculdade de Educação, "a Licenciatura fica, assim, sem ter uma orientação para a sua estrutura e conseqüentemente em seus objetivos".

De acordo com Vianna (1993), a questão da qualidade da formação do professor está vinculada a dois aspectos: o ensinar e o pesquisar. Esses dois pontos, segundo a autora, nem sempre são bem enfatizados na estrutura curricular de um curso de Licenciatura. "Enquanto que no Bacharelado pensa-se na formação do futuro pesquisador, na Licenciatura pensa-se no futuro professor". Na sua concepção, "o professor deverá ser também um pesquisador assim como todo pesquisador deverá ser um professor". Segundo a mesma autora,

> a diferença da formação entre licenciando e bacharelando não é um item na estrutura de organização de cursos de Licenciatura, mas é de ordem epistemológica, baseada na dicotomia ensino-pesquisa, entre o saber e o produzir o conhecimento.

Em resumo, a questão da relação entre ensino e pesquisa na universidade reaparece na discussão específica das licenciaturas na forma da dicotomia existente entre os cursos de formação docente e o Bacharelado. Apesar de ambos serem *ensino* (no caso, de graduação), a Licenciatura tem como produto o professor do ensino médio e fundamental e o Bacharelado destina-se à iniciação na formação de pesquisadores. Na opinião dos autores, a maneira dicotômica como essas duas modalidades são tratadas nos currículos refletem de certa forma a separação entre ensino e pesquisa existente no meio acadêmico.

Desarticulação entre formação acadêmica e realidade prática

A falta de integração entre a Licenciatura e a realidade onde os licenciandos irão atuar constitui um outro "dilema" enfrentado pelos cursos de formação de professores. Em outras palavras, há pouca integração entre os sistemas que formam os docentes, as universidades, e os que os absorvem: as redes de ensino fundamental e médio. Essa desarticulação reflete, talvez, a separação entre teoria e prática existente nos cursos de formação de professores.

Segundo Lüdke (1994), os docentes universitários, "formadores de futuros educadores de primeiro e segundo graus, não têm uma visão sequer razoável da realidade destes sistemas de ensino e não têm, em sua maioria, nenhuma vivência desse ensino, como professores". Isso, segundo a autora, contribui para aumentar a distância entre os estudantes de Licenciatura e a realidade escolar que terão de enfrentar depois de formados.

O estágio curricular, talvez um dos únicos momentos de integração da Licenciatura com a realidade dos sistemas escolares, está localizado no final dos cursos, geralmente no último período. O estágio, quando mal orientado, é encarado apenas como uma exigência acadêmica necessária para a aquisição do diploma.

Lüdke (1994) cita um documento que apresenta uma "proposta para uma política de estágio curricular dos cursos de formação do educador". Essa proposta defende a idéia de que "o estágio é um momento da prática e não exclusivamente o momento da integração teoria e prática". Isso porque

> o estágio não se resume à aplicação imediata, mecânica, instrumental de técnicas, princípios e normas aprendidos na teoria. A prática não se restringe ao fazer, ela se constitui numa atividade de reflexão que enriquece a teoria que lhe deu suporte. O estágio é um processo criador, de investigação, explicação, interpretação e intervenção na realidade. Não é reprodução automática do já sabido.

Finalmente, a proposta enfatiza a importância dos relatórios de estágio, considerados instrumentos de trabalho do estagiário, "documentos vivos oferecendo subsídios para a revisão dos cursos de formação do educador e melhoria da qualidade do ensino na escola".

Pode-se dizer que dois pontos foram ressaltados para evitar nos cursos de Licenciatura choques com a realidade prática: o primeiro reforça a necessidade de mudança na prática pedagógica dos professores das licenciaturas e na orientação de suas disciplinas, consideradas muito teóricas e desarticuladas da realidade profissional dos futuros professores. E o segundo diz respeito ao estágio e à urgência de repensar esse espaço juntamente com a própria estrutura dos cursos de formação docente, que atualmente privilegia a teoria em detrimento da formação em um contexto prático.

Licenciaturas: novos rumos?

As publicações que analisam a problemática das licenciaturas, ao mesmo tempo que levantam os problemas enfrentados por esses cursos, apontam perspectivas e soluções para os mesmos. Muitas dessas soluções são referendadas por relatos de experiências desenvolvidas no âmbito da Licenciatura.

O momento atual parece ser ainda de dúvida e incerteza em relação aos *novos rumos* das licenciaturas. Todavia, algumas iniciativas isoladas têm procurado apontar caminhos para superar a situação atual desses cursos de formação de professores.

Fóruns de Licenciatura e propostas de alterações curriculares

Algumas instituições de ensino superior instalaram, no início da década de 90, fóruns permanentes de discussão e de deliberação a respeito da problemática das licenciaturas. Esses *fóruns* procuram discutir os modelos dos cursos de formação de professores em vigor nas universidades com vista à reformulação dos mesmos.[5]

Entre as propostas de reformulação curricular, destaca-se o projeto da "Licenciatura Experimental Plena em Biologia, Física, Química ou Matemática", da Universidade de São Paulo (USP), também conhecido com o nome de LIUSP. Esse projeto, de acordo com suas diretrizes, pretende "promover, desde o primeiro semestre, a formação do licenciando, seguindo o mais fundamental dos princípios pedagógicos: aprender fazendo, pensando e discutindo". (FÓRUM DE LICENCIATURAS, 1991). Segundo seus idealizadores, "a vivência pedagógica é amalgamada com a conquista de conteúdos desde o início do curso, pois não se transforma um bacharel em licenciado por meio de uma complementação pedagógica estanque e tardia".

Essa proposta apresenta uma organização curricular diferente daquelas já sugeridas para as licenciaturas, com as disciplinas divididas em três blocos: "pedagógicas", "científicas" e "sociais". Entre as "pedagógicas" são introduzidas, além das obrigatórias (Didática, Psicologia e Estrutura e Funcionamento), as disciplinas "Replanejamento", "Instrumentação" e "Metodologia" e desdobra a "Prática de Ensino" em quatro diferentes tipos de atividades (Aula-piloto, Clube de Ciências, Estágio e Supervisão), iniciando-as no primeiro semestre do curso. As disciplinas "científicas", que formam o corpo de conhecimentos específicos aos quais o curso se dedica, receberam duas novas disciplinas (Projetos e Seminários), oferecidas ao

---

[5] Algumas universidades brasileiras instalaram "fóruns de licenciatura" com a intenção de discutir problemas e propor soluções para os cursos de formação de professores, entre elas: a Universidade de São Paulo (USP), desde dezembro de 1990; a Universidade Federal de Goiás (UFG), desde março de 1992; a Universidade Federal de Pernambuco (UFPE) e a Universidade Federal do Ceará (UFCE), desde 1993.

longo dos oito semestres do curso. As disciplinas *sociais* (História e Filosofia da Ciência, Antropologia, Educação e Sociedade), oferecidas a partir do terceiro semestre, têm a função de propiciar ao licenciando o "conhecimento das condições sócio-históricas do processo educacional", evitando uma prática docente puramente técnica ou mecânica e "a reflexão sobre os pressupostos epistemológicos, antropológicos e axiológicos implicados pela educação".

Segundo Pagotto (1995), o Fórum de Licenciatura da Universidade de São Paulo provocou discussões e incentivou a implantação de novos projetos para as licenciaturas. Na sua avaliação,

> O Fórum da USP permitiu especialmente entrever que, mesmo quando as carências da Licenciatura são apontadas, é difícil promover transformações e mais, mostrou que à Licenciatura faltam propostas inovadoras, que a própria Universidade pode produzi-las e que, mais difícil que isto, é implementá-las.

De uma maneira geral, todas as propostas de reformulação curricular das licenciaturas objetivam superar o tradicional esquema "3 + 1". Todavia, muitos concordam que, nas instituições onde coexistem cursos de Licenciatura e Bacharelado na mesma área, não deve haver separação inicial dos cursos no que se refere ao conteúdo específico, evitando-se a discriminação do curso de Licenciatura.

Alguns autores procuram, por outro lado, relativizar a importância e a confiança depositada nas reformas curriculares como forma de solucionar os problemas da Licenciatura. Carvalho (1992), por exemplo, afirma que para enfrentar o problema dos cursos de formação de professores não bastam soluções simplistas, do tipo "vamos mudar o currículo dos cursos de Licenciatura". Segundo a autora,

> essas soluções existem e geralmente são apresentadas para resolver o problema porque também existem "idéias simplistas" que estão por trás das grades curriculares: a primeira é de que ensinar é muito fácil, basta saber o conteúdo e ter um mínimo de teoria pedagógica. Outra espelha a crença de que um aluno sozinho, dando sua primeira aula, possa fazer toda a síntese dos conteúdos transmitidos durante quatro anos de faculdade.

Nessa mesma linha, Lüdke (1994) afirma que "as várias tentativas de superação dos problemas que vêm envolvendo a licenciatura, por meio de mudanças no seu currículo, não têm ultrapassado muito os limites puramente formais". Nas suas palavras,

> enquanto perdurarem essas soluções formalistas, o resultado continuará a ser uma simples justaposição entre a formação pedagógica e a formação de conteúdo. É preciso superar, portanto, essa tendência, já habitual, de uma reforma apenas formal, buscando-se o produto de uma nova práxis, através de um novo processo, de uma nova dinâmica da vida universitária.

Essas autoras criticam a inoperância de simples mudanças curriculares para a solução de problemas das licenciaturas, pois elas restringem-se usualmente ao nível apenas da legislação. Segundo Lüdke (1994),

> aparecem como alterações periféricas, que não atingem as estruturas centrais básicas. Algumas são reformas "para apagar incêndios", outras são paliativos com a simples mudança de nome de disciplinas e outras ainda apontam em direção a soluções mais promissoras, através de disciplinas

"integradoras", que não chegam entretanto a reorientar o curso em sua totalidade.

A instalação de fóruns permanentes para discussão da problemática específica da Licenciatura, com poder deliberativo, tem o mérito de fomentar o debate nas instituições de ensino superior brasileiras e de incentivar a realização de projetos e o levantamento de propostas para as diferentes licenciaturas. Esse espaço institucionalizado e apoiado pela administração central das universidades não deve concentrar seus esforços unicamente em elaborar e executar a implantação de uma nova estrutura curricular. Os *fóruns* devem investir, por meio de estudos sistematizados, no esclarecimento da situação dos cursos de formação docente nessas instituições. As propostas, curriculares ou não, para a solução/amenização dos problemas da Licenciatura, podem ser apresentadas ao longo desse trabalho de investigação.

Licenciaturas noturnas

Enquanto nas instituições isoladas de ensino superior, há muito tempo, os cursos noturnos de Licenciatura são uma realidade, apenas recentemente começou a crescer, em um número significativo de universidades públicas brasileiras, iniciativas de implantação de "licenciaturas noturnas". A maioria desses cursos iniciou-se no começo dos anos 90, a partir da decisão do governo federal, por intermédio do MEC, autorizando e pressionando as universidades federais a criar cursos noturnos destinados à formação de professores para o ensino de 1° e 2° graus, principalmente para as disciplinas de ciências exatas e naturais.

Na Universidade Federal de Minas Gerais (UFMG), por exemplo, o processo de criação das Licenciaturas

Experimentais Noturnas nas áreas de Ciências Exatas e Biológicas tinha como objetivos: 1) reforçar e reorientar suas articulações com o ensino de 1º e 2º graus e com as diferentes áreas responsáveis pela formação de professores; 2) atender a uma demanda específica de alunos trabalhadores que só podem freqüentar cursos de formação no horário noturno; 3) colocar no mercado um profissional qualificado para o ensino de Ciências e Matemática, pois as redes públicas vêm demandando profissionais com formação nessas áreas; 4) buscar recursos junto ao MEC e à Secretaria Estadual de Educação para aplicações em bolsas de estudo, melhoria da infraestrutura e ampliação do quadro docente; 5) e, finalmente, experimentar modificações na atual configuração dos cursos de Licenciatura, de maneira a avançar sobre as dificuldades existentes.

Hoje, esses cursos experimentais vêm se desenvolvendo com certa precariedade. O pequeno envolvimento institucional da universidade faz com que o esforço de alguns profissionais garanta o seu funcionamento. As Licenciaturas Noturnas convivem, atualmente, com inúmeras dificuldades de ordem política, material e de pessoal.

Apesar dessa avaliação preliminar, há necessidade de um acompanhamento mais sistematizado dessas experiências nas universidades públicas. Segundo Lüdke (1994), "seria muito importante saber se essas tentativas estão levando em consideração a relação entre trabalho e educação, que deveria entrar em cheio na proposta desses novos cursos". Na sua opinião, "é o trabalhador-estudante, o novo sujeito que bate às portas da universidade, reivindicando um direito para si mesmo, mas trazendo de imediato para a instituição o benefício de sua experiência da realidade, por meio do seu trabalho".

Em função da recente implantação desses cursos nas universidades federais, não se tem ainda um amplo trabalho de avaliação do seu funcionamento. Não se sabe, por enquanto, se essa experiência vai apontar novos caminhos para os problemas da Licenciatura.

Pesquisa em ensino e a melhoria dos cursos de Licenciatura

A proposta de incentivar a pesquisa em ensino surge dentro do contexto de valorização da atividade de pesquisa frente às demais atividades da universidade. Lüdke (1994) vê com otimismo essa proposta, pois "ela tende a valorizar a formação dos professores e os que por ela se interessam, convertendo esse interesse em esforço de pesquisa". Segundo a autora,

> como pesquisa, ele receberá apoio e incentivos, seus participantes usufruirão do "status" de pesquisadores e, o que é mais importante, se estará construindo conhecimento científico, tão necessário e urgente, sobre uma área ainda tão desguarnecida de resultados de pesquisa.

Nessa linha de raciocínio, a pesquisa em ensino desempenharia um papel estratégico na melhoria dos cursos de Licenciatura, pois,

> ela poderia vir a ser um ponto de confluência entre as várias disciplinas envolvidas na formação de professores, numa perspectiva multi, trans ou interdisciplinar, contribuindo assim para a construção de um espaço próprio, sob o ponto de vista epistemológico, para a própria Licenciatura e os profissionais nela envolvidos. (Idem, 1994)

O Programa de Licenciatura (PROLICEN), lançado pelo MEC/Sesu para estimular a realização de projetos que se propunham a promover a melhoria das licenciaturas, com a atribuição de bolsas aos licenciandos[6] e a iniciativa de alguns programas curriculares em exigir uma monografia de conclusão de curso, englobando assuntos relacionados com o ensino de uma determinada área, são evidências da tentativa de articulação do ensino e da pesquisa nos cursos de formação de professores.

Em algumas áreas, como a de ensino de Ciências e Matemática, a pesquisa em ensino tem se desenvolvido muito nos últimos anos, registrando uma verdadeira explosão nesse campo. Por outro lado, ao mesmo tempo em que se observa um grande crescimento desse setor, já se evidencia o problema da proximidade e/ou distanciamento entre a *pesquisa em ensino*, produzida na academia, e o *ensino*, realizado no ambiente escolar.

O incentivo à *pesquisa em ensino* nos cursos de Licenciatura parece consoante com a proposta de Donald Schon de formar o professor como um "pesquisador no contexto prático", como um profissional que "reflete-na-ação". Porém, é necessário ressaltar a importância desse trabalho de pesquisa estar articulado com o ensino fundamental e médio e, conseqüentemente, lutar pelas condições, tanto na escola quanto do trabalho docente, para que ele seja realizado.

O papel das "disciplinas integradoras" e o novo perfil de seus professores

Procurando superar a dicotomia existente entre as disciplinas pedagógicas e as específicas da Licenciatura, o documento final do Encontro Nacional de Reformulação

---

[6] As bolsas dos licenciandos eram diferentes das de iniciação científica, pois, no PROLICEN, não bastava desenvolver um trabalho de pesquisa junto a um professor, deveria haver também um plano de trabalho vinculado ao ensino do ensino fundamental e médio.

dos Cursos de Formação de Educadores, em 1983, já sugeria que as licenciaturas fossem trabalhadas conjuntamente pelos professores responsáveis pela formação pedagógica e pela área específica. A formação do licenciando deveria, então, incluir: disciplinas de conteúdo específico, pedagógicas e *integradoras*.[7] A literatura educacional, de um modo geral, ressalta o papel dessas "disciplinas integradoras" na articulação entre as disciplinas de conteúdo específico e as pedagógicas e na vinculação permanente das licenciaturas com o ensino médio e fundamental. Dentre as "integradoras" dá-se uma maior importância à Prática de Ensino ou Didática Especial. Por exemplo, Carvalho (1992) afirma que

> essa disciplina guia a ação educativa e promove a reflexão crítica depois da interação, fazendo com que a imersão na aula seja valorizada pelos futuros professores como, talvez, a atividade mais relevante na sua formação, pois representa um contato real com a sua futura profissão.

Essa autora destaca cinco pontos fundamentais da Didática Especial (ou Prática de Ensino) em um curso de licenciatura:

1. "tem de estar dirigida para a construção de um corpo de conhecimentos específicos";

2. "tem de estar colocada como uma mudança didática do pensamento e comportamento espontâneo do docente";

---

[7] São chamadas de "integradoras", as disciplinas que fazem a transposição do conhecimento da área para o 1º e 2º graus, de acordo com as especificidades de cada curso: prática de ensino, instrumentação para o ensino, didática especial e outras. De acordo com Carvalho & Vianna (1988), "estas devem proporcionar o caráter abrangente da formação do educador, englobando a adequação, dosagem, organização e aplicação do conhecimento a ser lecionado nos diversos graus de ensino e nas diferentes realidades existentes".

3. "deve ser orientada para favorecer a vivência de propostas inovadoras e reflexões didáticas explícitas";
4. "deve estar desenhada para incorporar os professores nas investigação e nas inovações na área";
5. finalmente, "deve ser concebida em íntima conexão com as práticas docentes, como núcleo integrador dos diferentes aspectos da formação do professor".

Em relação à formação do professor encarregado das "disciplinas integradoras", Carvalho & Vianna (1988) propõem que "este deve ser um profissional interdisciplinar que domine tanto o conteúdo específico como o conteúdo pedagógico e, além disso, se dedique à pesquisa sobre ensino desse conteúdo". Na mesma linha, Mediano (1984), além de defender a formação desse professor em uma perspectiva interdisciplinar, também sugere que ele seja "alguém capaz, de juntamente com seus licenciandos, pesquisar a realidade educacional e buscar soluções aos problemas encontrados", baseado no movimento ação/reflexão/ação.

Apesar desses autores ressaltarem o importante papel integrador de disciplinas como Prática de Ensino, Instrumentação em Ensino e outras, critica-se o fato delas estarem, geralmente, concentradas apenas nos últimos períodos do curso.

Pode-se dizer que as dúvidas e incertezas em relação aos *novos rumos* das licenciaturas são reforçadas pelas enormes dificuldades encontradas no âmbito das universidades para a proposição e a implementação de soluções para os seus problemas. Por fim, apresentaremos uma breve discussão sobre os limites e as possibilidades colocadas pela nova LDB sobre a questão da formação de professores e, mais especificamente, das licenciaturas no país.

As licenciaturas e a implementação da nova LDB

Como se sabe, a aprovação da atual Lei de Diretrizes e Bases da Educação Nacional deu-se depois de longa tramitação no Congresso Nacional e após acirrada oposição de interesses nesse campo.

No que diz respeito à formação docente, as atuais diretrizes da Lei 9.394/96 impõem a necessidade de repensar a formação de professores no país. Essa lei determina que a formação de docentes para a educação básica aconteça "em nível superior, em curso de licenciatura, de graduação plena, em universidades e institutos superiores de educação" e admite "como formação mínima para exercício do magistério na educação infantil e nas quatro primeiras séries do ensino fundamental, a oferecida em nível médio, na modalidade Normal" (Art. 62).

A lei prevê também a existência de "programas de formação pedagógica para portadores de diplomas de educação superior que queiram se dedicar à educação básica" (Art. 63, II). Tais programas deverão ser mantidos pelos "institutos superiores de educação".

Dessa maneira, as possibilidades de formação dos profissionais da educação básica são várias: em nível superior ou médio, nas universidades, em instituições de ensino superior ou nos institutos superiores de educação que podem estar ou não ligados à universidade, em curso de licenciatura, de graduação plena, curso normal superior ou normal médio. E para os portadores de diplomas de educação superior, a licenciatura especial, que consiste em uma "formação pedagógica" de 540 horas.

Como a nova LDB extingue os "currículos mínimos", anteriormente previstos na Lei 5.540/68, as universidades, no exercício de sua autonomia, poderão fixar os currículos de seus cursos, observadas as diretrizes gerais pertinentes (Art. 53, II). O curso de graduação em Pedagogia é a única exceção, pois este deverá seguir uma "base comum nacional" (Art. 64). Por outro lado, os diplomas expedidos pelas universidades e registrados por elas próprias terão validade apenas como "prova da formação recebida" (Art. 48).

Apesar das várias possibilidades de formação do profissional da educação básica e da diversidade de currículos de Licenciatura que poderá aparecer nesse novo contexto, o governo federal, por meio da avaliação nacional de cursos, exercerá um grande controle sobre o profissional que estará sendo formado. Dessa forma, a LDB permite uma flexibilidade quanto aos processos de formação docente, mas um rígido controle sobre o seu produto.

Essa grande flexibilidade dos processos de formação a ponto de permitir que profissionais de outras áreas possam ingressar no magistério por meio de uma complementação pedagógica, talvez seja contraditória com a própria concepção que se tem hoje de "profissionais da educação", denominação do Título VI da nova Lei. Além disso, os cursos de licenciatura especial de 540 horas poderão estar reeditando no cenário nacional um novo modelo das chamadas "licenciaturas curtas", tão combatidas pelos vários setores da sociedade civil organizada comprometidos com a formação de professores no país.

Outra nova questão colocada pela LDB é a inclusão da "prática de ensino de, no mínimo, trezentas horas nos cursos de formação docente" (Art.65). A implementação dessa exigência legal nos remete a explicitar nossas concepções sobre formação de professores e, mais especificamente, sobre o que está sendo chamado de "prática de ensino".

Talvez, mais importante do que se preocupar em apenas atender a exigência legal da implementação das 300 horas de prática de ensino, seja garantir alguns princípios básicos para as licenciaturas no país. Talvez este seja o momento de reafirmarmos o papel das universidades na formação de professores, a co-responsabilidade dos institutos básicos e das faculdades de educação na condução dos cursos de Licenciatura, lembrando que esses se iniciam desde o primeiro período da graduação e não nos últimos semestres, como muitos ainda pensam.

É preciso, então, romper com uma visão simplista de formação de professores, negar a idéia do docente como mero transmissor de conhecimentos e superar os modelos de Licenciatura que simplesmente sobrepõem o "como ensinar" ao "o que ensinar".

Dessa maneira, é necessário que o licenciando, futuro professor da escola básica, seja compreendido como sujeito em formação que traz consigo uma representação de educação construída durante sua própria escolarização, que vivencia uma formação superior fundamentada e que continuará se formando na prática pedagógica com questões advindas da realidade escolar. Sendo assim, a Licenciatura deve ser vista como uma etapa intermediária, porém imprescindível, no complexo processo de formação do professor.

O modelo original das licenciaturas, seguindo a "fórmula 3 + 1", ainda não foi totalmente superado pela maioria dos cursos da maior parte das universidades brasileiras, uma vez que as disciplinas de conteúdo, de responsabilidade das unidades básicas, continuam precedendo e pouco articulando-se com as pedagógicas, que geralmente ficam a cargo apenas das faculdades ou dos centros de educação.

Esse esquema de formação de professores que continua predominando nas universidades do país está em consonância com o que é descrito na literatura especializada como "modelo de racionalidade técnica". Baseado nesse modelo, o professor é visto como um técnico, um especialista que aplica com rigor as regras que derivam do conhecimento científico e do pedagógico na sua prática cotidiana de sala de aula.

No entanto, as pesquisas mais recentes no campo da prática docente mostram a complexidade das situações de ensino, em que o professor tem de dominar uma série de variáveis como conhecimento de conteúdos, métodos de ensino, conhecimento dos processos de aprendizagem, capacidade de comunicação e domínio da turma ou manejo de classe, dentre outros. Sendo, ainda, as situações de ensino sempre novas e singulares, não há modelos prontos que resistam à prática cotidiana dos docentes. Logo, os currículos de formação de professores, baseados no "modelo da racionalidade técnica", mostram-se inadequados à realidade da prática profissional.

Finalmente, a discussão sobre a formação de professores nas universidades, suscitada pelas alterações na estrutura jurídico-legal da educação brasileira e, por conseguinte, pelas mudanças na escola básica e no ensino superior, deve caminhar na direção da formulação de um projeto político-pedagógico para as licenciaturas que consiga efetivamente romper com o modelo que continua subjacente aos cursos de formação docente no país.

QUEM SÃO OS ALUNOS DAS LICENCIATURAS?

Quem são os alunos das licenciaturas? Para tentar responder a essa questão e a fim de traçar o perfil do aluno que opta por um curso com modalidade Licenciatura, foram utilizados dados do relatório da Comissão Permanente do Vestibular da Universidade Federal de Minas Gerais (COPEVE/UFMG), que analisa as características sociaiseconômicas e culturais dos aprovados nesse exame.

O questionário de dados socioeconômicas e culturais dos alunos passou a ser aplicado pela UFMG a partir da instituição do vestibular unificado em 1970. Segundo a COPEVE/UFMG, tal questionário é aplicado na fase de inscrição e tem como objetivo possibilitar a análise da composição social dos candidatos e dos aprovados que estão sendo selecionados para o ingresso na Universidade. Serão analisados aqui os dados dos aprovados no Vestibular de 1995 à luz da "teoria das estratégias de reprodução", desenvolvida pelo sociólogo francês Pierre Bourdieu.

Segundo a análise bourdieuniana das estratégias de reprodução, os membros das classes possuidoras de diferentes tipos de capital (econômico ou cultural) ou frações dessas classes buscam conservar ou melhorar sua posição na estrutura de relações de classe. Em função da dificuldade que esses setores ou frações de classes, dominantes e médias, que são mais ricas em capital econômico, encontraram em perpetuar sua posição pela transmissão direta desse capital, os títulos escolares e as qualificações acadêmicas passaram a ter crescente peso na manutenção de sua situação no universo social considerado. A conversão de capital econômico em cultural e a reconversão deste em capital econômico é usada como estratégia[1] das famílias que ocupam posições dominantes de classe dirigente para manter seu controle sobre o campo econômico e para dissimular a forma de apropriação do lucro. Nas palavras do autor,

> em termos mais gerais, não há dúvida de que os grupos dominantes, e principalmente as grandes famílias, asseguram a sua perpetuação à custa de estratégias, entre as quais incluem-se em primeiro lugar as estratégias educativas. (BOURDIEU, 1989, p. 94)

As "estratégias educativas", conforme expressão de Bourdieu, caracterizam-se pela intensificação da utilização das instituições educacionais e, conseqüentemente, pelo

---

[1] As *estratégias*, com o sentido que lhe é atribuído por Bourdieu (1983, 1990), são "ações inteligíveis, mas não necessariamente inteligentes ou resultantes de um cálculo racional e cínico, que orientam as escolhas e os interesses dos agentes em função de um *habitus* adquirido e das possibilidades que um determinado campo oferece para obtenção e maximização dos lucros específicos em jogo no campo em questão".

crescente número de qualificações colocadas no mercado de trabalho. As "estratégias educativas", como estratégias de investimento cultural, que, segundo o autor, não podem ser dissociadas do conjunto das demais estratégias (estratégias econômicas, matrimoniais, de fecundidade etc.), tornam-se um dos mais importantes meios de aspiração da ascensão social, dando origem a um crescimento geral e constante na demanda de escolarização ou, em outras palavras, a uma "inflação de qualificações acadêmicas". Esse processo é continuamente mantido pela desvalorização e pelo estabelecimento de novas qualificações valorizadas de tal forma a impor a todas as classes ou frações de classe a contínua intensificação do uso da educação escolar. Cada grupo tenta manter ou mudar sua posição na estrutura social por meio de ações e reações, as "estratégias de reconversão". Nos dizeres desse autor,

> as relações objetivas de poder tendem a se reproduzir nas relações de poder simbólico. Na luta simbólica (...) pelo monopólio da nominação legítima, os agentes investem o capital simbólico que adquiriram nas lutas anteriores e que pode ser juridicamente garantido. Assim, (...) os títulos escolares, representam autênticos títulos de propriedade simbólica que dão direito às vantagens de reconhecimento. (BOURDIEU, 1989, p. 163)

A reprodução social opera, então, por meio de mecanismos que permitem a manutenção e acumulação de capital simbólico em classes ou frações de classe. A posse de capital escolar e cultural garante oportunidades diferenciais de ingresso no ensino superior ou em diferentes cursos na Universidade, o que se relaciona com a origem social e que tem efeito de acumular continuamente esse tipo de capital simbólico. Por exemplo, isso pode elucidar a grande demanda e o sucesso no Vestibular de filhos de famílias de mais alta renda em cursos de *maior prestígio*, como Medicina e Direito. Pode também elucidar o acesso a determinados cursos por candidatos de origem social em frações de classe com menor posse de capital econômico e maior posse de capital cultural e, finalmente, esclarecer o ingresso de alunos com menor posse de capital econômico e cultural nos cursos de *menor prestígio*.

Com base nos dados da "relação candidato"/"vaga" nos vestibulares dos últimos anos da UFMG, a Comissão Permanente do Vestibular da Universidade (COPEVE/UFMG) listou os cursos de *maior prestígio* e os de *menor prestígio* nessa Universidade. Esses cursos são apresentados a seguir em ordem alfabética:

QUADRO 1

CURSOS DE MAIOR E MENOR PRESTÍGIO NA UFMG

Cursos de maior prestígio	Cursos de menor prestígio
Administração (diurno)	Biblioteconomia
Arquitetura	Ciências Sociais
Ciência da Computação	Filosofia
Ciências Econômicas	Geografia (diurno)
Comunicação Social	Geografia (noturno)
Direito	História (diurno)
Engenharia Civil	História (noturno)
Engenharia Mecânica	Matemática
Engenharia Química	Pedagogia (diurno)
Medicina	Pedagogia (noturno)

Fonte: UFMG. Comissão Permanente do Vestibular (COPEVE), 1995.

Observa-se que nove dos dez cursos considerados de *menor prestígio* na UFMG oferecem a modalidade

Licenciatura e são responsáveis pela formação de professores do ensino fundamental e médio. Nota-se também que nenhum curso com opção para a Licenciatura está listado entre aqueles de *maior prestígio*.

Analisando os dados da Tabela 1, nota-se que os cursos que oferecem a Licenciatura permanecem entre aqueles com menor relação candidato/vaga no Vestibular da UFMG, ou seja, não são os preferencialmente escolhidos pelos candidatos a uma vaga na Universidade. É possível perceber ainda que três dos cinco cursos menos disputados da UFMG oferecem a Licenciatura e que os demais cursos que formam professores estão bem abaixo daqueles considerados mais disputados.

TABELA 1

PONTOS MÁXIMOS E MÍNIMOS E RELAÇÃO CANDIDATO/VAGA NO
VESTIBULAR DE 1995 DA UNIVERSIDADE FEDERAL DE MINAS GERAIS

Cursos	Mínimo	Máximo	Candidato/vaga
Belas Artes**	63,00	116,50	3,63
Ciência da Computação*	111,00	151,00	21,61
Ciências Biológicas (diurno - Bach/Lic.)	84,50	138,50	7,47
Ciências Biológicas (noturno - Lic.)	77,50	116,00	10,10
Ciências Sociais	73,00	128,00	6,32
Comunicação Social*	106,00	153,50	22,90
Direito*	106,00	163,50	19,98
Educação Física	71,00	124,00	8,41
Enfermagem	68,50	112,50	6,98
Filosofia	68,00	118,50	5,55
Física (diurno - Bach.)**	81,00	156,50	3,76
Física (noturno - Lic.)	80,00	135,50	5,63

81

Cursos	Mínimo	Máximo	Candidato/vaga
Fisioterapia*	106,50	139,00	26,45
Geografia (diurno)	64,00	111,00	5,92
Geografia (noturno)	68,50	99,00	6,66
Geologia**	68,00	133,00	3,96
História (diurno)	72,50	132,50	6,65
História (noturno)	80,00	124,50	9,35
Letras	61,50	145,00	4,16
Matemática (diurno - Lic.)	68,50	136,50	5,23
Matemática (diurno - Bach.)	75,00	138,50	8,40
Matemática (noturno)	78,50	129,00	8,63
Medicina*	120,00	163,00	21,04
Música**	36,00	124,50	0,97
Pedagogia (diurno)	64,00	96,00	7,61
Pedagogia (noturno)	62,50	108,00	8,10
Psicologia	81,00	133,50	12,75
Química (diurno)**	63,50	136,00	3,37
Química (noturno)	64,00	106,50	5,00

* Cursos com maior relação candidato/vaga no Vestibular/95.
** Cursos com menor relação candidato/vaga no Vestibular/95.
Fonte: UFMG. Comissão Permanente do Vestibular (COPEVE). Guia do candidato — Vestibular 1996.

Além disso, o mínimo para se conquistar uma vaga nos cursos com modalidade Licenciatura, geralmente não ultrapassa os 80 pontos. Esse número é bem inferior ao necessário para se ingressar nos cursos mais disputados, como o de Medicina, cuja pontuação mínima é 120. Nota-se ainda que o curso de Ciências Biológicas (diurno) apresenta a maior pontuação mínima entre aqueles que oferecem a opção da Licenciatura.

TABELA 2

RELAÇÃO CANDIDATO/VAGA NOS VESTIBULARES PARA OS
CURSOS COM MODALIDADE LICENCIATURA DA UFMG — 1990/1995

Cursos	Candidato/Vaga					
	1990	1991	1992	1993	1994	1995
Belas Artes	1,43	1,81	2,03	3,05	1,68	3,63
Ciências Biológicas	7,26	8,56	8,18	8,78	-	-
Ciências Biológicas (diurno - Bach./Lic.)	-	-	-	-	9,38	7,47
Ciências Biológicas (noturno - Lic.)	-	-	-	-	7,40	10,10
Ciências Sociais	4,40	4,53	4,66	5,96	6,93	6,32
Educação Física	5,77	7,60	7,60	6,83	7,81	8,41
Enfermagem	3,97	6,71	6,58	8,00	9,71	6,98
Filosofia	4,25	5,15	4,05	4,25	4,94	5,55
Física (diurno - Bach.)	-	-	-	-	4,76	3,76
Física (noturno - Lic.)	-	-	-	-	5,43	5,63
Geografia	2,76	-	-	-	-	-
Geografia (diurno)	-	3,05	3,42	4,90	4,65	5,92
Geografia (noturno)	-	4,53	5,16	6,20	6,56	6,66
História	5,70	7,06	-			
História (diurno)	-	-	6,05	6,75	9,15	6,65
História (noturno)	-	-	10,25	12,40	13,22	9,35
Letras	2,85	3,68	3,18	3,76	5,09	4,16
Matemática	4,50	5,71	5,68	6,35	-	-
Matemática (diurno - Lic.)	-	-	-	-	6,36	5,23
Matemática (diurno - Bach.)	-	-	-	-	3,60	8,40
Matemática (noturno - Lic.)	-	-	-	-	13,80	8,63
Música	0,54	0,62	0,40	0,34	0,85	0,97
Pedagogia (diurno)	3,43	4,11	4,68	6,66	8,36	7,61
Pedagogia (noturno)	4,16	5,16	6,35	8,15	9,46	8,10
Psicologia	10,67	12,95	10,84	10,93	12,97	12,75
Química	2,94	4,30	3,70	3,70	-	-
Química (diurno - Bach./Lic.)	-	-	-	-	4,02	3,37
Química (noturno - Lic.)	-	-	-	-	5,26	5,00

Fonte: Elaborado a partir de dados coletados na Comissão Permanente do Vestibular (COPEVE/UFMG).

Se analisarmos a relação candidato/vaga nos vestibulares dos últimos cinco anos (1990 a 1995) na UFMG (Tabela 2), observaremos uma tendência ao aumento da disputa por uma vaga nos cursos com opção para Licenciatura. No entanto, constata-se no Vestibular de 1995 um decréscimo na relação candidato/vaga de 11 desses cursos. Essa diminuição na relação candidato/vaga no último vestibular pode significar um alerta em relação à falta de atrativos que as licenciaturas oferecem.

No 1º semestre de 1995, segundo dados do Departamento de Registro e Cadastro Acadêmico (DRCA/UFMG), as licenciaturas contaram com 3.616 alunos matriculados, o que representa 20,20% do total da UFMG. (Tabela 3)

TABELA 3

NÚMERO DE ALUNOS MATRICULADOS NOS CURSOS COM MODALIDADE LICENCIATURA DA UFMG NO 1º SEMESTRE DE 1995

Cursos	Licenc.	Bachar.	Licenc./ Bachar.	Total
Belas Artes	73	226	0	299
Ciências Biológicas (diurno)	340	68	0	408
Ciências Biológicas (noturno)	59	-	-	59
Ciências Sociais	1	183	128	312
Educação Física	68	64	315	447
Enfermagem	2	173	185	360
Filosofia	71	122	0	193
Física (diurno)	40	151	0	191
Física (noturno)	59	-	-	59
Geografia (diurno)	114	95	0	209
Geografia (noturno)	116	-	-	116
História (diurno)	183	99	0	282
História (noturno)	50	64	0	114
Letras	1.334	-	-	1.334

Cursos	Licenc.	Bachar.	Licenc./ Bachar.	Total
Matemática (diurno)	214	34	0	250
Matemática (noturno)	62	-	-	62
Música	91	72	-	163
Pedagogia (diurno)	268	-	-	268
Pedagogia (noturno)	350	-	-	350
Psicologia	4	661	0	665
Química (diurno)	87	137	0	224
Química (noturno)	30	-	-	30
Total	3.616	2.149	628	6.393
UFMG	3.616	13.661	628	17.905

Fonte: Elaborado a partir de dados coletados no Departamento de Registro e Cadastro Acadêmico da Universidade Federal de Minas Gerais (DRCA/UFMG).

Ainda segundo dados do DRCA/UFMG, quanto ao número de graduados nos cursos com opção para Licenciatura na Universidade (Tabela 4), percebe-se que, em geral, a contribuição da UFMG na formação de docentes para o ensino fundamental e médio tem sido quantitativamente pouco expressiva. A maior parte desses cursos tem em média menos de 30 alunos graduados por semestre. Essa situação mostra-se mais grave quando se verifica que, nos dados do DRCA, os cursos com duas modalidades (Licenciatura e Bacharelado) apresentam os bacharéis computados juntamente com os licenciados. As menores médias de alunos graduados são encontradas nos cursos de Química diurno (6,64 graduados por semestre), Física diurno e Música (8,45 cada). O curso de Letras apresenta a maior média entre aqueles com opção para Licenciatura: 96,91 graduados por semestre.

TABELA 4
NÚMERO DE ALUNOS GRADUADOS NOS CURSOS COM MODALIDADE LICENCIATURA DA UFMG NO PERÍODO DE 1990/1 A 1995/1

Cursos	90/1	90/2	91/1	91/2	92/1	92/2	93/1	93/2	94/1	94/2	95/1	Média
Belas Artes	35	24	29	32	39	32	28	36	52	40	23	33,64
Ciências Biológicas (diurno)	45	42	31	47	46	46	36	34	36	58	42	42,09
Ciências Sociais	27	26	20	22	26	29	11	24	22	19	15	21,91
Educação Física	28	37	37	39	34	45	38	36	27	45	47	37,54
Enfermagem	25	17	39	23	30	36	30	38	54	37	38	33,36
Filosofia	6	13	13	19	15	9	8	15	17	18	2	12,27
Física (diurno)	4	11	5	5	14	11	5	5	7	20	6	8,45
Geografia (diurno)	8	28	3	14	4	19	10	19	16	30	13	14,91
História (diurno)	15	64	19	41	18	35	20	30	18	24	33	28,82
Letras	82	97	86	88	106	108	95	120	95	99	90	96,91
Matemática (diurno)	8	5	7	28	9	8	9	15	24	14	20	13,36
Música	5	8	5	4	7	8	8	21	9	13	5	8,45
Pedagogia (diurno)	72	50	81	11	76	11	76	4	67	7	73	48,00
Pedagogia (noturno)	-	-	-	11	57	9	69	1	72	0	82	37,62
Psicologia	52	127	94	97	113	128	137	128	120	76	78	104,54
Química (diurno)	9	16	5	4	6	5	2	5	6	12	3	6,64

Fonte: Elaborado a partir de dados coletados no Departamento de Registro e Cadastro Acadêmico da Universidade Federal de Minas Gerais (DRCA/UFMG).

Em relação à *idade* dos aprovados no vestibular da UFMG (Tabela 5) percebe-se que os candidatos mais jovens conseguiram a maior parte das vagas entre os cursos mais disputados. Nestes, mais de 60% daqueles que conquistaram uma vaga na Universidade tinham até 18 anos. Entre os cursos mais concorridos existe um fato curioso: na Fisioterapia, o aluno mais velho tinha no máximo 24 anos, ou seja, todos os aprovados tinham entre 17 e 24 anos.

A maioria dos aprovados de três dos cinco cursos menos disputados da Universidade tinha idade entre 20 e 29 anos. Nesse grupo a exceção fica por conta do curso de Física (diurno; Bacharelado), já que a maioria dos seus aprovados (56,66%) tinha até 18 anos. Na Belas Artes, a média de idade é um pouco menor, pois 58,33% dos aprovados tinham de 18 a 24 anos.

A maior parte dos aprovados nos cursos de Licenciatura apresentou idade variando de 20 até mais de 30 anos (Filosofia, Geografia diurno, Geografia noturno, História diurno, Letras, Matemática noturno e Química noturno). Ou seja, nesses cursos, a maioria concentrou-se em uma faixa etária mais ampla e ligeiramente superior à dos aprovados nos cursos menos disputados da Universidade. Um outro grupo, formado pelos cursos de Física noturno, História noturno, Matemática diurno, e Pedagogia noturno, estava na mesma situação dos menos concorridos. Nestes, a maioria tinha idade entre 20 e 29 anos. No de Ciências Biológicas diurno, a maioria dos aprovados (60%) tinha até 18 anos e na Educação Física até 19 (64%). Esses dois cursos, no tocante à idade dos aprovados, se aproximam dos mais disputados da UFMG. Finalmente, em uma situação intermediária estão os cursos de Pedagogia diurno, Ciências Biológicas noturno e Ciências Sociais, em que a maior parte dos aprovados tinha de 18 a 24 anos.

De acordo com Bourdieu (1974), parece existir um consenso em reconhecer no aluno mais jovem uma exaltação do mérito ou do dom. Em vez de aparecer como um acréscimo de privilégio, a precocidade é considerada como a manifestação mais indiscutível das virtudes inatas, das qualidades congênitas e dos dons da natureza. Nas suas palavras,

> a valorização da precocidade é tão-somente um dos mecanismos ideológicos pelos quais o sistema de ensino tende a transformar os privilégios sociais em privilégios naturais, e *não de nascimento*: a "inteligência", o "talento" ou o "dom" são os títulos de nobreza da sociedade burguesa que a Escola consagra e legitima ao dissimular o fato de que as hierarquias escolares que ela produz por uma ação de inculcação e de seleção aparentemente neutra, reproduzem as hierarquias sociais no duplo sentido do termo. (BOURDIEU, 1974, p. 241)

Em resumo, percebe-se que a pouca idade dos alunos, associada a outras condições sociais, econômicas e culturais, constitui fator de aprovação nos cursos mais disputados do Vestibular. Naqueles com opção para a Licenciatura, de um modo geral, a maioria dos aprovados concentra-se em uma faixa etária maior do que a observada nos cursos mais e menos disputados da UFMG. É importante ressaltar o significado social da entrada do aluno mais velho na Universidade. Geralmente, o aluno que demorou a conseguir uma vaga em um curso de ensino superior, o fez por dificuldades socioeconômicas e/ou problemas na trajetória escolar.

TABELA 5

IDADE DOS APROVADOS NO VESTIBULAR DE 1995 DA UNIVERSIDADE FEDERAL DE MINAS GERAIS

Cursos	Idade (anos)						
	até 17	18	19	20 a 24	25 a 29	30 ou +	B/N
Belas Artes**	18,33	15,00	10,00	33,33	10,00	13,33	0,00
Ciência da Computação*	50,00	22,86	11,43	10,00	2,86	2,86	0,00
Ciências Biológicas (diurno - Bach./Lic.)	38,75	21,25	15,00	22,50	2,50	0,00	0,00
Ciências Biológicas (noturno - Lic.)	10,00	5,00	17,50	42,50	12,50	10,00	2,50
Ciências Sociais	16,92	16,92	15,38	36,92	9,23	3,08	1,54
Comunicação Social*	51,67	26,67	6,67	11,67	3,33	0,00	0,00
Direito*	47,33	19,00	6,33	14,00	6,00	7,00	0,33
Educação Física	24,00	24,00	16,00	29,00	6,00	0,00	1,00
Enfermagem	7,50	18,75	13,75	46,25	8,75	3,75	1,25
Filosofia	15,00	12,50	10,00	30,00	17,50	10,00	5,00
Física (diurno - Bach.)**	23,33	33,33	3,33	30,00	3,33	6,67	0,00
Física (noturno - Lic.)	0,00	6,67	16,67	40,00	20,00	16,67	0,00
Fisioterapia*	25,00	37,50	25,00	12,50	0,00	0,00	0,00
Geografia (diurno)	2,50	7,50	15,00	42,50	10,00	22,50	0,00
Geografia (noturno)	6,67	6,67	10,00	26,67	23,33	26,67	0,00
Geologia**	26,67	13,33	3,33	40,00	13,33	3,33	0,00
História (diurno)	17,50	17,50	7,50	25,00	15,00	15,00	2,50
História (noturno)	15,00	12,50	7,50	35,00	22,50	7,50	0,00
Letras	14,58	11,25	7,08	38,75	10,42	16,25	1,67
Matemática (diurno - Lic.)	10,00	13,33	16,67	23,33	26,67	6,67	3,33
Matemática (diurno - Bach.)	20,00	5,00	10,00	35,00	10,00	15,00	5,00
Matemática (noturno)	6,67	16,67	10,00	23,33	23,33	13,33	6,67
Medicina*	38,44	32,19	16,25	11,25	1,25	0,62	0,00
Música**	13,51	10,81	8,11	32,43	21,62	13,51	0,00
Pedagogia (diurno)	26,67	15,00	18,33	26,67	8,33	5,00	0,00
Pedagogia (noturno)	5,00	8,33	11,67	35,00	18,33	20,00	1,67
Psicologia	5,00	8,33	11,67	35,00	18,33	20,00	1,67
Química (diurno)**	20,00	22,50	7,50	40,00	10,00	0,00	0,00
Química (noturno)	10,00	10,00	13,33	36,67	16,67	13,33	0,00

* Cursos com maior relação candidato/vaga no Vestibular/95. ** Cursos com menor relação candidato/vaga no Vestibular/95.
Fonte: UFMG. Comissão Permanente do Vestibular (COPEVE), 1995.

Quanto à "trajetória escolar" dos alunos que prestaram o Vestibular da UFMG no ano de 1995, serão apresentados dados sobre a natureza dos cursos secundários, sobre a rede e o turno de ensino dos cursos de 2º grau dos candidatos que ingressaram na Universidade.

Quanto à natureza dos cursos de 2º grau dos aprovados no Vestibular de 1995 da UFMG (Tabela 6), constata-se que entre os cursos mais disputados da Universidade predominam alunos egressos do 2º grau de caráter propedêutico (científico). O curso de Fisioterapia, por exemplo, possui 85% dos seus aprovados provenientes desse tipo de grau de ensino.

No caso dos cursos menos disputados nota-se que na Geologia (40%), na Música (45,95%) e Química diurno (47,50%), menos da metade dos aprovados é egressa do 2º grau científico. No curso de Química diurno 42,50% dos aprovados são provenientes do 2º grau profissionalizante ou técnico. O curso de Física diurno, tem 60% dos seus aprovados oriundos do científico e na Belas Artes, mais da metade (51,67%) provém desse tipo de grau de ensino.

Nas licenciaturas, a maioria dos aprovados também é proveniente do científico. Os maiores índices são encontrados nos cursos de Ciências Biológicas noturno (72,50%), Ciências Biológicas diurno (62,50%) e Ciências Sociais (58,46%). Em alguns cursos, menos da metade dos aprovados é oriunda do 2º grau não-profissionalizante. Os menores índices são encontrados nos cursos noturnos de Química (20%) e Matemática (30%) e nos de Pedagogia diurno e noturno (36,67%). Os maiores percentuais de aprovados egressos do 2º grau técnico são encontrados nos cursos noturnos de Química (63,33%), Física (56,67%), Pedagogia (51,67%) e Matemática (50%). Dez por cento dos aprovados em Filosofia, Geografia diurno, Geografia noturno e História diurno são provenientes do ensino supletivo de 2º grau.

Segundo Nogueira (1994), em estudo sobre as relações entre classes médias e escola,

> os pais de classes médias possuem boas informações sobre o sistema de ensino (funcionamento, hierarquias, valores) o que os fazem escolher o estabelecimento escolar para o filho. Consideram a reputação positiva do estabelecimento, os baixos índices de reprovação, grande proporção de alunos adiantados, clientela mais selecionada. (Idem, p. 141).

TABELA 6

NATUREZA DOS CURSOS DE 2º GRAU DOS APROVADOS NO VESTIBULAR DE 1995 DA UNIVERSIDADE FEDERAL DE MINAS GERAIS

Cursos	1	2	3	4	5	B/N
Belas Artes**	51,67	20,00	3,33	3,33	21,67	0,00
Ciência da Computação*	50,00	20,00	0,00	0,00	30,00	0,00
Ciências Biológicas (diurno - Bach./Lic.)	62,50	11,25	0,00	0,00	26,25	0,00
Ciências Biológicas (noturno - Lic.)	72,50	20,00	2,50	0,00	2,50	2,50
Ciências Sociais	58,46	20,00	6,15	1,54	12,31	1,54
Comunicação Social*	58,33	11,67	0,00	0,00	28,33	1,67
Direito*	61,67	8,00	1,00	0,33	27,33	1,67
Educação Física	55,00	18,00	4,00	1,00	20,00	2,00
Enfermagem	76,25	17,50	1,25	1,25	2,50	1,25
Filosofia	47,50	20,00	10,00	5,00	12,50	5,00
Física (diurno - Bach.)**	60,00	23,33	0,00	0,00	16,67	0,00
Física (noturno - Lic.)	43,33	56,67	0,00	0,00	0,00	0,00
Fisioterapia*	85,00	5,00	0,00	0,00	10,00	0,00
Geografia (diurno)	45,00	40,00	10,00	5,00	0,00	0,00
Geografia (noturno)	43,33	46,67	10,00	0,00	0,00	0,00

Cursos	1	2	3	4	5	B/N
Geologia**	40,00	30,00	3,33	3,33	20,00	3,33
História (diurno)	50,00	20,00	10,00	0,00	15,00	5,00
História (noturno)	52,50	30,00	5,00	0,00	12,50	0,00
Letras	43,75	33,33	5,42	1,25	12,92	3,33
Matemática (diurno - Lic.)	53,33	30,00	6,67	3,33	3,33	3,33
Matemática (diurno - Bach.)	25,00	50,00	5,00	5,00	10,00	5,00
Matemática (noturno)	30,00	50,00	3,33	0,00	6,67	10,00
Medicina*	74,69	5,94	0,62	1,25	16,88	0,62
Música**	45,95	21,62	8,11	2,70	18,92	2,70
Pedagogia (diurno)	36,67	40,00	5,00	0,00	18,33	0,00
Pedagogia (noturno)	36,67	51,67	1,67	1,67	5,00	3,33
Psicologia	64,17	10,00	2,50	0,83	20,83	1,67
Química (diurno)**	47,50	42,50	2,50	2,50	5,00	0,00
Química (noturno)	20,00	63,33	3,33	0,00	10,00	3,33

* Cursos com maior relação candidato/vaga no Vestibular/95.
** Cursos com menor relação candidato/vaga no Vestibular/95.

Cabeçalho: 1 - 2º grau sem profissionalizante 2 - 2º grau com profissionalizante
3 - Supletivo 4 - Outro
5 - A partir de 1994

Fonte: UFMG. Comissão Permanente do Vestibular (COPEVE), 1995.

A Tabela 7, correspondente à rede de ensino dos cursos de 2º grau dos aprovados no Vestibular 1995 da UFMG, evidencia a predominância de alunos egressos de rede particular. Nos cursos mais disputados, os índices de aprovação de alunos oriundos de escolas privadas são altos: 78,67% em Direito; 75,94% em Medicina e 67,50% em Fisioterapia. Nos cursos menos disputados, com exceção de Química noturno (22,50%) e Geologia (46,67%), a maior parte dos aprovados é também egressa da rede particular.

TABELA 7
REDE DE ENSINO DOS CURSOS DE 2º GRAU DOS APROVADOS NO VESTIBULAR DE 1995 DA UNIVERSIDADE FEDERAL DE MINAS GERAIS

Cursos	1	2	3	4	B/N
Belas Artes**	6,67	15,00	16,67	60,00	1,67
Ciência da Computação*	17,14	12,86	10,00	60,00	0,00
Ciências Biológicas (diurno - Bach./Lic.)	7,50	10,00	16,25	66,25	0,00
Ciências Biológicas (noturno - Lic.)	7,50	27,50	25,00	37,50	2,50
Ciências Sociais	6,15	33,85	16,92	41,54	1,54
Comunicação Social*	18,33	11,67	6,67	63,33	0,00
Direito*	6,33	9,33	5,33	78,67	0,33
Educação Física	13,00	10,00	13,00	63,00	1,00
Enfermagem	8,75	35,00	11,25	43,75	1,25
Filosofia	7,50	22,50	17,50	47,50	5,00
Física (diurno - Bach.)**	13,33	23,33	10,00	53,33	0,00
Física (noturno - Lic.)	46,67	26,67	3,33	23,33	0,00
Fisioterapia*	0,00	12,50	20,00	67,50	0,00
Geografia (diurno)	10,00	25,00	12,50	52,50	0,00
Geografia (noturno)	6,67	40,00	13,33	40,00	0,00
Geologia**	13,33	30,00	10,00	46,67	0,00
História (diurno)	5,00	17,50	7,50	67,50	2,50
História (noturno)	12,50	30,00	25,00	32,50	0,00
Letras	7,08	30,42	14,17	46,67	1,67
Matemática (diurno - Lic.)	16,67	16,67	26,67	36,67	3,33
Matemática (diurno - Bach.)	20,00	25,00	10,00	40,00	5,00
Matemática (noturno)	46,67	13,33	6,67	26,67	6,67
Medicina*	7,19	10,94	5,94	75,94	0,00
Música**	8,11	24,32	13,51	54,05	0,00
Pedagogia (diurno)	6,67	33,33	8,33	51,67	0,00
Pedagogia (noturno)	0,00	51,67	21,67	25,00	1,67
Psicologia	5,83	15,83	13,33	64,17	0,83
Química (diurno)**	37,50	22,50	12,50	22,50	5,00
Química (noturno)	36,67	16,67	20,00	26,67	0,00

* Cursos com maior relação candidato/vaga no Vestibular/95.
** Cursos com menor relação candidato/vaga no Vestibular/95.

Cabeçalho: 1 — Pública federal   2 — Pública estadual
3 — Pública municipal   4 — Particular
Fonte: UFMG. Comissão Permanente do Vestibular (COPEVE), 1995.

Para egressos da rede pública de ensino, grande parte dos cursos de Licenciatura parece constituir via de acesso à Universidade. Entre os provenientes da rede pública federal destacam-se os aprovados nos cursos noturnos de Física e Matemática (46,67% cada). Boa parte dos aprovados nos cursos noturnos de Pedagogia (51,67%) e Geografia (40%) é egressa da rede estadual de ensino. Os aprovados oriundos da rede pública municipal conseguiram maior número de vagas nos cursos noturnos de Matemática (26,67%), História e Ciências Biológicas (25% cada). Por outro lado, os cursos diurnos de História (67,50%), Ciências Biológicas (66,25%), Educação Física (63%) e Geografia (52,50%) apresentaram a maior parte dos aprovados proveniente da rede privada de ensino. Os dois primeiros, História e Ciências Biológicas diurnos, apresentaram índices de aprovação de alunos oriundos da escola particular superiores aos de cursos mais disputados, como o de Ciência da Computação (60%) e Comunicação Social (63,33%).

Ao analisar os dados referentes ao turno de ensino dos cursos de 2º grau dos aprovados no Vestibular da UFMG (Tabela 8), nota-se que a maior parte dos candidatos bem sucedidos nesse exame é egressa do diurno. Nos cursos com maior relação candidato/vaga da Universidade esses percentuais são bastante elevados: 98,44% em Medicina, 94,67% em Direito e 91,43% em Ciência da Computação. O curso de Comunicação Social chama a atenção para o fato de possuir 100% de seus aprovados oriundos do ensino diurno. Os cursos menos disputados do Vestibular da UFMG também apresentam altos índices de aprovados que estudavam durante o dia, em geral acima de 80%.

Os cursos que oferecem a Licenciatura não diferiram dos demais da Universidade quanto à grande aprovação de candidatos provenientes da escola de funcionamento diurno. Todavia, são as licenciaturas que apresentam as maiores taxas de aprovação de candidatos egressos do ensino noturno. Eles são 46,67% na Química (noturno), 33,33% na Matemática (diurno) e 32,50% nos cursos de Filosofia e História noturno. O de Geografia noturno é o único entre todos os listados em que a maioria de seus aprovados é proveniente da escola noturna (56,67%). O curso de Ciências Biológicas diurno mais uma vez apresenta resultados que se aproximam daqueles observados nos cursos mais disputados: 93,75% dos seus aprovados estudavam durante o dia.

TABELA 8
Turno de ensino dos cursos de 2º grau dos aprovados no
Vestibular de 1995 da Universidade Federal de Minas Gerais

Cursos	Diurno	Noturno	Brancos/Nulos
Belas Artes**	81,67	18,33	0,00
Ciência da Computação*	91,43	8,57	0,00
Ciências Biológicas (diurno - Bach./Lic.)	93,75	6,25	0,00
Ciências Biológicas (noturno - Lic.)	72,50	25,00	2,50
Ciências Sociais	73,85	24,62	1,54
Comunicação Social*	100,00	0,00	0,00
Direito*	94,67	4,67	0,67
Educação Física	86,00	12,00	2,00
Enfermagem	81,25	17,50	1,25
Filosofia	62,50	32,50	5,00
Física (diurno - Bach.)**	93,33	3,33	3,33
Física (noturno - Lic.)	73,33	26,67	0,00
Fisioterapia*	90,00	10,00	0,00
Geografia (diurno)	77,50	22,50	0,00
Geografia (noturno)	43,33	56,67	0,00
Geologia**	76,67	23,33	0,00
História (diurno)	72,50	25,00	2,50

Cursos	Diurno	Noturno	Brancos/Nulos
História (noturno)	67,50	32,50	0,00
Letras	77,92	20,00	2,08
Matemática (diurno - Lic.)	63,33	33,33	3,33
Matemática (diurno - Bach.)	70,00	25,00	5,00
Matemática (noturno)	70,00	23,33	6,67
Medicina*	98,44	1,56	0,00
Música**	81,08	16,22	2,70
Pedagogia (diurno)	86,67	13,33	0,00
Pedagogia (noturno)	70,00	28,33	1,67
Psicologia	90,83	8,33	0,83
Química (diurno)**	87,50	10,00	2,50
Química (noturno)	53,33	46,67	0,00

* Cursos com maior relação candidato/vaga no Vestibular/95.
** Cursos com menor relação candidato/vaga no Vestibular/95.
Fonte: UFMG. Comissão Permanente do Vestibular (COPEVE), 1995.

Resumindo, os aprovados nos cursos de Licenciatura apresentaram uma trajetória escolar bem menos privilegiada do que aquela mostrada nos cursos mais disputados da UFMG. Em geral, os alunos das licenciaturas demoraram mais tempo para entrar na Universidade, três anos ou mais após ter concluído o 2º grau. Os candidatos egressos da rede pública de ensino e das escolas técnica e noturna encontraram menor resistência para serem aprovados nos cursos que oferecem a Licenciatura. Essas diferenças podem ser explicadas em função da origem sócio-cultural desses alunos.

Em relação à "origem sociocultural" dos candidatos bem-sucedidos no Vestibular de 1995, serão apresentados dados sobre a renda mensal familiar dos aprovados, a participação dos mesmos na vida econômica da família, a escolaridade dos pais e, finalmente, sobre a ocupação principal exercida pelos pais dos alunos que conquistaram uma vaga nos cursos da UFMG.

Considerando-se a renda total mensal familiar (Tabela 9), observa-se que a maioria das famílias dos aprovados nos cursos mais disputados da UFMG ganha de 11 a 60 salários mínimos por mês. Nos cursos de Comunicação Social (63,34%) e Ciência da Computação (57,14%), a renda mensal do grupo familiar da maioria dos candidatos bem-sucedidos varia de 16 a 60 salários mínimos. Em Direito (57,66%) e em Medicina (53,44%), a maior parte recebe de 11 a 40 salários mínimos mensais. Na Fisioterapia, 57,50% dos aprovados têm um rendimento mensal que varia de 6 a 15 salários mínimos. Nota-se que o curso de Direito apresenta o maior percentual de famílias que recebem mais de 60 salários mínimos mensais (11,33%). Pode-se dizer então, que os aprovados nesses cursos se caracterizam, em geral, pela posse relativamente maior de capital econômico.

Na maioria dos cursos com menor relação candidato/vaga na Universidade predominam grupos familiares dos aprovados com rendimento mensal de 3 a 15 salários mínimos. É o caso da Química diurno (70%), da Belas Artes (61,67%) e da Música (59,46%). No curso de Física diurno, a maior parte das famílias dos aprovados ganha de 6 a 20 salários mensais. E 60% das famílias dos candidatos com bom desempenho em Geologia recebem de 11 a 60 salários mínimos mensais, sendo que metade delas (30%) tem uma remuneração mensal variando de 20 a 40 salários mínimos.

Em grande parte dos cursos com opção para a Licenciatura, a maioria dos grupos familiares dos aprovados tem uma renda mensal variando de 3 a 10 salários mínimos. Isso é o que acontece nos cursos de Química noturno (70%), Geografia diurno (67,50%), nos cursos noturnos de Pedagogia (65%), Ciências Biológicas

(62,50%), Geografia (60%), Física (56,67%), História (52,50%) e na Letras (51,67%). Em um outro grupo formado pelos cursos de Educação Física (65%), Matemática noturno (63,33%), Ciências Biológicas diurno (60%), Filosofia (60%) e Matemática diurno (53,33%), predominam as famílias de aprovados com remuneração mensal de 6 a 20 salários mínimos. Nos de Pedagogia diurno (66,67%) e Ciências Sociais (58,46%), o rendimento mensal da maior parte das famílias dos candidatos que ingressaram na Universidade varia de 3 a 15 salários mínimos.

TABELA 9
RENDA TOTAL MENSAL DO GRUPO FAMILIAR DOS APROVADOS NO
VESTIBULAR DE 1995 DA UNIVERSIDADE FEDERAL DE MINAS GERAIS

Cursos	1	2	3	4	5	6	7	8	B/N
Belas Artes**	0,00	25,00	25,00	11,67	13,33	16,67	5,00	3,33	0,00
Ciência da Computação*	4,29	7,14	20,00	11,43	18,57	25,71	12,86	0,00	0,00
Ciências Biológicas (diurno - Bach`./Lic.)	1,25	16,25	23,75	18,75	17,50	11,25	8,75	2,50	0,00
Ciências Biológicas (noturno - Lic.)	7,50	25,00	37,50	10,00	7,50	2,50	5,00	2,50	2,50
Ciências Sociais	6,15	20,00	15,38	23,08	9,23	13,85	7,69	3,08	1,54
Comunicação Social*	1,67	6,67	8,33	15,00	20,00	26,67	16,67	5,00	0,00
Direito*	0,33	0,33	14,33	13,33	16,00	28,33	12,67	11,33	0,33
Educação Física	1,00	14,00	25,00	23,00	17,00	17,00	1,00	1,00	1,00
Enfermagem	5,00	31,25	31,25	15,00	10,00	5,00	0,00	1,25	1,25
Filosofia	7,50	7,50	25,00	22,50	12,50	12,50	0,00	7,50	5,00
Física (diurno - Bach.)**	10,00	13,33	23,33	10,00	20,00	10,00	3,33	10,00	0,00
Física (noturno - Lic.)	16,67	26,67	30,00	6,67	6,67	6,67	3,33	3,33	0,00
Fisioterapia*	0,00	7,50	32,50	25,00	12,50	15,00	7,50	0,00	0,00
Geografia (diurno)	2,50	40,00	27,50	10,00	10,00	5,00	2,50	2,50	0,00

Cursos	1	2	3	4	5	6	7	8	B/N
Geografia (noturno)	3,33	23,33	36,67	16,67	6,67	10,00	0,00	3,33	0,00
Geologia**	0,00	20,00	16,67	10,00	6,67	30,00	13,33	0,00	3,33
História (diurno)	0,00	17,50	25,00	20,00	17,50	12,50	5,00	0,00	2,50
História (noturno)	2,50	20,00	32,50	15,00	10,00	15,00	5,00	0,00	0,00
Letras	4,17	22,92	28,75	16,67	12,50	8,33	2,50	2,08	2,08
Matemática (diurno - Lic.)	3,33	33,33	23,33	16,67	13,33	3,33	3,33	0,00	3,33
Matemática (diurno - Bach.)	5,00	10,00	25,00	20,00	30,00	0,00	0,00	5,00	5,00
Matemática (noturno)	3,33	13,33	40,00	10,00	13,33	6,67	6,67	0,00	6,67
Medicina*	0,94	4,38	20,63	14,38	17,50	21,56	10,94	8,75	0,94
Música**	5,41	16,22	13,51	29,73	8,11	16,22	5,41	2,70	2,70
Pedagogia (diurno)	6,67	26,67	23,33	16,67	11,67	8,33	1,67	5,00	0,00
Pedagogia (noturno)	11,67	28,33	36,67	15,00	6,67	0,00	0,00	0,00	1,67
Psicologia	4,17	18,33	14,17	17,50	15,00	20,83	7,50	1,67	0,83
Química (diurno)**	10,00	25,00	25,00	20,00	0,00	17,50	2,50	0,00	0,00
Química (noturno)	3,33	20,00	50,00	16,67	10,00	0,00	0,00	0,00	0,00

*Cursos com maior relação candidato/vaga no Vestibular/95.
**Cursos com menor relação candidato/vaga no Vestibular/95.

Cabeçalho: 1 - Até 2 salários mínimos (SM) 2- 3 a 5 SM   3 - 6 a 10 SM
           4 - 11 a 15 SM   5 - 16 a 20 SM   6 - 20 a 40 SM
           7- 40 a 60 SM   8 - > 60 SM

Fonte: UFMG. Comissão Permanente do Vestibular (COPEVE), 1995.

Quanto à participação do aprovado na vida econômica da família (Tabela 10), nota-se que, em geral, o candidato aprovado nos cursos mais disputados da Universidade não trabalha e é sustentado pela família ou por outras pessoas. Os índices de alunos com esse perfil são bastante altos nos cursos de Medicina (93,75%), Comunicação Social (93,33%) e Fisioterapia (92,50%). Em Direito e Ciência da Computação, o percentual de aprovados que trabalha fica em torno de 20%.

TABELA 10
PARTICIPAÇÃO NA VIDA ECONÔMICA DA FAMÍLIA DOS APROVADOS NO VESTIBULAR DE 1995 DA UNIVERSIDADE FEDERAL DE MINAS GERAIS

Cursos	1	2	3	4	5	6	B/N
Belas Artes**	5,00	11,67	10,00	21,67	51,67	0,00	0,00
Ciência da Computação*	1,43	2,86	8,57	5,71	78,57	2,86	0,00
Ciências Biológicas (diurno - Bach./Lic.)	0,00	1,25	1,25	10,00	86,25	1,25	0,00
Ciências Biológicas (noturno - Lic.)	7,50	22,50	12,50	30,00	22,50	2,50	2,50
Ciências Sociais	6,15	9,23	10,77	13,85	52,31	6,15	1,54
Comunicação Social*	0,00	0,00	1,67	5,00	93,33	0,00	0,00
Direito*	5,67	2,67	5,33	10,33	74,00	1,33	0,67
Educação Física	2,00	6,00	9,00	15,00	66,00	1,00	1,00
Enfermagem	0,00	13,75	10,00	20,00	52,50	2,50	1,25
Filosofia	7,50	15,00	7,50	25,00	25,00	15,00	5,00
Física (diurno - Bach.)**	3,33	3,33	3,33	13,33	70,00	6,67	0,00
Física (noturno - Lic.)	13,33	33,33	13,33	26,67	6,67	6,67	0,00
Fisioterapia*	0,00	0,00	0,00	7,50	92,50	0,00	0,00
Geografia (diurno)	17,50	12,50	12,50	20,00	32,50	5,00	0,00
Geografia (noturno)	10,00	40,00	16,67	16,67	16,67	13,33	0,00
Geologia**	0,00	13,33	3,33	16,67	60,00	6,67	0,00
História (diurno)	10,00	15,00	10,00	17,50	42,50	2,50	2,50
História (noturno)	12,50	17,50	12,50	12,50	40,00	5,00	0,00
Letras	5,83	17,92	9,58	16,25	43,33	5,42	1,67
Matemática (diurno - Lic.)	6,67	23,33	10,00	33,33	20,00	3,33	3,33
Matemática (diurno - Bach.)	20,00	5,00	20,00	20,00	25,00	5,00	5,00
Matemática (noturno)	23,33	16,67	13,33	23,33	10,00	6,6	6,67
Medicina*	0,31	0,62	0,94	3,12	93,75	1,25	0,00
Música**	5,41	27,03	2,70	27,03	27,03	8,11	2,70
Pedagogia (diurno)	0,00	6,67	8,33	15,00	68,33	1,67	0,00
Pedagogia (noturno)	6,67	36,67	8,33	16,67	25,00	5,00	1,67
Psicologia	0,00	5,83	3,33	13,33	75,00	1,67	0,83
Química (diurno)**	2,50	17,50	10,00	22,50	42,50	5,00	0,00
Química (noturno)	16,67	36,67	23,33	6,67	16,67	0,00	0,00

* Cursos com maior relação candidato/vaga no Vestibular/95.
** Cursos com menor relação candidato/vaga no Vestibular/95.
Cabeçalho: 1 - Trabalha e é o principal responsável pelo sustento da família.
    2 - Trabalha, é responsável pelo próprio sustento e ainda contribui, parcialmente, para o sustento da família.
    3 - Trabalha e é responsável apenas pelo próprio sustento.
    4 - Trabalha e é sustentado parcialmente pela família ou outras pessoas.
    5 - Não trabalha e é sustentado pela família ou outras pessoas.
    6 - Outra situação.
Fonte: UFMG. Comissão Permanente do Vestibular (COPEVE), 1995.

Nos cursos menos disputados predomina o aprovado que não trabalha ou que trabalha mas ainda depende economicamente da família. Isso acontece principalmente nos cursos de Química diurno (65%) e de Música (54,06%). Na Física diurno (70%), na Geologia (60%) e na Belas Artes (51,67%), a maioria dos alunos que conquistaram uma vaga na Universidade não exerce nenhuma atividade remunerada. Na Música uma boa parte dos aprovados (27,03%) trabalha, é responsável pelo próprio sustento e ainda contribui, parcialmente, para o sustento da família.

A maioria dos aprovados nos cursos que oferecem a Licenciatura desenvolve algum tipo de atividade remunerada. Entre os que trabalham e têm responsabilidade direta pelo sustento da família percebe-se que os percentuais mais altos estão nos cursos de Matemática noturno (23,33%) e Geografia diurno (17,50%). Nos cursos noturnos de Geografia (40%), Química (36,67%), Pedagogia (36,67%) e Física (33,33%), boa parte dos aprovados trabalha, responsabiliza-se pelo próprio sustento e ainda contribui nas despesas familiares. Os índices mais altos de aprovados que trabalham, mas dependem economicamente da família, encontram-se nos cursos de Matemática diurno (33,33%) e Ciências Biológicas noturno. O de Ciências Biológicas diurno é o que apresenta maior percentual de aprovados que não trabalham e dependem economicamente da família ou do responsável (86,25%).

Outro indicador importante para a caracterização do perfil social, econômico e cultural dos aprovados no Vestibular é o nível de escolaridade dos pais. Inicialmente, em relação ao nível de escolaridade do *pai* dos aprovados (Tabela 11), percebe-se que a maioria possui o superior completo entre os cursos de maior relação candidato/vaga na Universidade: 66,67% em Direito, 62,81% em Medicina,

55,71% em Ciência da Computação e 55% em Comunicação Social. Na Fisioterapia, 35% dos pais dos aprovados têm o 3º grau completo.

Nos cursos menos disputados da UFMG, como o de Física diurno (50%), o de Geologia (46,67%) e o de Belas Artes (36,67%), boa parte dos pais dos candidatos aprovados tem o diploma de nível universitário. Na Música, 35,14% dos aprovados têm pais que fizeram o curso de 2º grau completo. E no curso de Química diurno, 32,50% dos pais dos candidatos que conseguiram uma vaga na Universidade possuem apenas o 1º grau incompleto.

TABELA 11
ESCOLARIDADE DO PAI DOS APROVADOS NO VESTIBULAR DE 1995
DA UNIVERSIDADE FEDERAL DE MINAS GERAIS

Cursos	1	2	3	4	5	6	7	B/N
Belas Artes**	3,33	30,00	11,67	3,33	10,00	5,00	36,67	0,00
Ciência da Computação*	0,00	7,14	8,57	4,29	20,00	4,29	55,71	0,00
Ciências Biológicas (diurno - Bach./Lic.)	0,00	17,50	5,00	3,75	26,25	7,50	40,00	0,00
Ciências Biológicas (noturno - Lic.)	5,00	30,00	17,50	0,00	30,00	0,00	12,50	5,00
Ciências Sociais	0,00	27,69	12,31	1,54	15,38	4,62	35,38	3,08
Comunicação Social*	3,33	8,33	5,00	6,67	15,00	6,67	55,00	0,00
Direito*	1,33	9,33	4,00	4,00	10,33	3,67	66,67	0,67
Educação Física	2,00	11,00	13,00	4,00	29,00	6,00	34,00	1,00
Enfermagem	1,25	32,50	13,75	5,00	23,75	1,25	21,25	1,25
Filosofia	5,00	20,00	10,00	7,50	20,00	2,50	27,50	7,50
Física (diurno - Bach.)**	0,00	23,33	6,67	0,00	16,67	3,33	50,00	0,00
Física (noturno - Lic.)	6,67	40,00	10,00	10,00	10,00	3,33	16,67	3,33
Fisioterapia*	0,00	22,50	7,50	5,00	22,50	7,50	35,00	0,00
Geografia (diurno)	0,00	37,50	22,50	2,50	15,00	0,00	22,50	0,00
Geografia (noturno)	16,67	30,00	16,67	3,33	16,67	0,00	16,67	0,00
Geologia**	0,00	26,67	6,67	3,33	13,33	3,33	46,67	0,00

Cursos	1	2	3	4	5	6	7	B/N
História (diurno)	0,00	25,00	5,00	12,50	22,50	5,00	27,50	2,50
História (noturno)	7,50	37,50	7,50	0,00	10,00	10,00	27,50	0,00
Letras	4,17	28,75	10,83	7,50	19,58	4,58	22,08	2,50
Matemática (diurno - Lic.)	3,33	23,33	20,00	10,00	13,33	6,67	16,67	6,67
Matemática (diurno - Bach.)	5,00	35,00	15,00	5,00	10,00	15,00	10,00	5,00
Matemática (noturno)	0,00	50,00	6,67	10,00	10,00	6,67	10,00	6,67
Medicina*	0,00	10,31	4,69	4,69	15,31	1,87	62,81	0,31
Música**	2,70	16,22	10,81	2,70	35,14	2,70	29,73	0,00
Pedagogia (diurno)	5,00	30,00	6,67	10,00	21,67	3,33	23,33	0,00
Pedagogia (noturno)	11,67	50,00	8,33	1,67	11,67	1,67	13,33	1,67
Psicologia	1,67	20,00	8,33	6,67	14,17	7,50	40,00	1,67
Química (diurno)**	2,50	32,50	12,50	5,00	25,00	7,50	15,00	0,00
Química (noturno)	16,67	50,00	0,00	10,00	16,67	0,00	3,33	3,33

* Cursos com maior relação candidato/vaga no Vestibular/95.
** Cursos com menor relação candidato/vaga no Vestibular/95.

Cabeçalho: 1 - Nenhum   2 - 1º Grau incompleto   3 - 1º Grau completo
4 - 2º Grau incompleto   5 - 2º Grau completo
6 - Superior incompleto   7 - Superior completo

Fonte: UFMG. Comissão Permanente do Vestibular (COPEVE), 1995.

Os cursos que têm modalidade Licenciatura, quanto ao nível de escolaridade do pai, podem ser basicamente divididos em três grupos. No primeiro grupo, formado pelos cursos noturnos de Pedagogia (70%), Química (66,67%), Geografia (63,34%), Matemática (56,67%), Ciências Biológicas (52,5%) e História (52,50%), predomina os pais dos aprovados com escolaridade mínima, ou seja, aqueles que têm no máximo o primário completo. No segundo grupo, constituído pelos cursos de Ciências Biológicas diurno (73,75%), Educação Física (69%), História diurno (55%), Ciências Sociais (52,38%) e Filosofia (50%), a maioria dos aprovados tem pais com escolaridade de 2º grau ou superior. O último grupo é formado por cursos de Licenciatura que estão em uma situação intermediária. Nos cursos de Letras (66,66%), Física noturno (60%), Matemática diurno (53,33%) e Pedagogia diurno (46,67%), prevalecem pais com escolaridade variando do 1º grau incompleto até o 2º grau incompleto.

No que diz respeito ao nível de escolaridade da *mãe* dos aprovados no Vestibular de 1995 da UFMG (Tabela 12), constata-se que a maioria dos candidatos que conquistaram uma vaga nos cursos mais disputados da Universidade tem mães com escolaridade de 2º grau completo ou superior. Nos cursos de Direito (55,33%), Medicina (52,50%) e Comunicação Social (51,67%), a maior parte das mães dos candidatos passou pelo ensino de 3º grau, tendo completado ou não seus estudos. Na Ciência da Computação (80%) e na Fisioterapia (70%) grande parte dos aprovados tem mães com escolaridade mínima de 2º grau.

Na maioria dos cursos com menor relação candidato/vaga no Vestibular da UFMG predominam os aprovados cujas mães têm escolaridade de 2º grau ou superior. É o caso da Física diurno (66,67%), Geologia (60%), Belas Artes (53,34%) e Música (51,35%). A Química (diurno) é a única exceção entre os cursos menos disputados da Universidade. A maior parte de seus aprovados (62,50%) tem mães que cursaram, no máximo, o 1º grau.

Nas licenciaturas, a maior parte dos aprovados tem mães com escolaridade de 1º grau. Os percentuais mais elevados de mães com escolaridade mínima ou mesmo sem experiência escolar são encontrados nos cursos de Química noturno (80%), Geografia noturno (70,01%), Matemática diurno (66,67%), Geografia diurno (62,50%), Física noturno (60,01%) e Ciências Biológicas noturno

(57,50%). Nos cursos noturnos de Matemática (56,67%) e Pedagogia (55%) a maioria das mães dos aprovados tem o 1º grau incompleto. O curso de Química noturno surpreende pelo alto índice de mães sem escolaridade (23,33%). Na Letras (54,59%) e na Pedagogia diurno (53,33%), a maior parte dos aprovados tem mães com, no máximo, o 2º grau incompleto. Um outro grupo, formado pelos cursos de Ciências Biológicas diurno (63,75%), Educação Física (61%), Ciências Sociais (53,84%), Filosofia e História diurno (50% cada), possui grande parte dos aprovados com mães de escolaridade de 2º grau ou superior.

TABELA 12
ESCOLARIDADE DA MÃE DOS APROVADOS NO
VESTIBULAR DE 1995 DA UNIVERSIDADE FEDERAL DE MINAS GERAIS

Cursos	1	2	3	4	5	6	7	B/N
Belas Artes**	1,67	26,67	13,33	5,00	31,67	6,67	15,00	0,00
Ciência da Computação*	0,00	5,71	12,86	1,43	34,29	5,71	40,00	0,00
Ciências Biológicas (diurno - Bach./Lic.)	0,00	21,25	7,50	7,50	31,25	6,25	26,25	0,00
Ciências Biológicas (noturno - Lic.)	7,50	27,50	22,50	0,00	27,50	0,00	12,50	5,00
Ciências Sociais	3,08	27,69	10,77	3,08	27,69	6,15	20,00	1,54
Comunicação Social*	0,00	8,33	8,33	3,33	28,33	10,00	41,67	0,00
Direito*	1,00	10,00	6,00	3,33	23,67	8,33	47,00	0,67
Educação Física	2,00	15,00	13,00	8,00	29,00	8,00	24,00	1,00
Enfermagem	1,25	27,50	18,75	5,00	20,00	10,00	16,25	1,25
Filosofia	2,50	22,50	15,00	5,00	27,50	2,50	20,00	5,00
Física (diurno - Bach.)**	0,00	26,67	3,33	3,33	40,00	6,67	20,00	0,00
Física (noturno - Lic.)	6,67	36,67	16,67	3,33	23,33	0,00	13,33	3,33
Fisioterapia*	0,00	22,50	7,50	0,00	30,00	2,50	37,50	0,00
Geografia (diurno)	0,00	37,50	25,00	0,00	25,00	2,50	10,00	0,00
Geografia (noturno)	16,67	36,67	16,67	3,33	20,00	0,00	6,67	0,00

Cursos	1	2	3	4	5	6	7	B/N
Geologia**	0,00	23,33	13,33	3,33	30,00	16,67	13,33	0,00
História (diurno)	0,00	27,50	7,50	12,50	27,50	5,00	17,50	2,50
História (noturno)	0,00	32,50	17,50	2,50	27,50	2,50	17,50	0,00
Letras	2,92	35,42	12,50	6,67	20,00	2,92	17,92	1,67
Matemática (diurno - Lic.)	6,67	40,00	20,00	3,33	16,67	3,33	6,67	3,33
Matemática (diurno - Bach.)	10,00	30,00	15,00	0,00	25,00	10,00	5,00	5,00
Matemática (noturno)	3,33	56,67	13,33	3,33	13,33	0,00	3,33	6,67
Medicina*	0,31	6,87	5,63	3,44	30,94	5,00	47,50	0,31
Música**	2,70	18,92	16,22	10,81	24,32	5,41	21,62	0,00
Pedagogia (diurno)	6,67	38,33	10,00	5,00	31,67	3,33	5,00	0,00
Pedagogia (noturno)	13,33	55,00	3,33	1,67	15,00	0,00	10,00	1,67
Psicologia	1,67	18,33	12,50	4,17	28,33	5,83	28,33	0,83
Química (diurno)**	5,00	35,00	22,50	2,50	12,50	5,00	17,50	0,00
Química (noturno)	23,33	46,67	10,00	6,67	13,33	0,00	0,00	0,00

* Cursos com maior relação candidato/vaga no Vestibular/95.
** Cursos com menor relação candidato/vaga no Vestibular/95.

Cabeçalho: 1 - Nenhum   2 - 1º Grau incompleto   3 - 1º Grau completo
4 - 2º Grau incompleto   5 - 2º Grau completo   6 - Superior incompleto
7 - Superior completo

Fonte: UFMG. Comissão Permanente do Vestibular (COPEVE), 1995.

De acordo com Nogueira (1994), a escolaridade da mãe constitui um fator importantíssimo na condução dos filhos ao ensino superior. Talvez, maior do que a influência da escolaridade do pai nesse processo.

> As mães mais instruídas parecem ser melhores administradoras das carreiras escolares. Há maior probabilidade delas monitorarem o progresso do filho e de que escolham um tipo de ensino secundário que o conduza ao ensino superior. (Idem, p. 140)

Considerando-se a ocupação principal exercida pelo pai dos aprovados no Vestibular de 1995 da UFMG (Tabela 13), observa-se que nos cursos mais disputados predomina a participação no Grupo 2 (profissionais liberais de nível superior etc.). É o caso de Direito (61%), Medicina (60,31%), Comunicação Social (53,33%) e Ciência da Computação (48,57%). Na Fisioterapia, a maior parte dos pais dos aprovados atua no Grupo 3 (55%).

Nos cursos Física diurno e Geologia, entre os menos disputados da Universidade, grande parte dos pais dos aprovados situa-se no Grupo 2 (46,67% e 43,33%, respectivamente). Na Belas Artes, a maioria (63,33%) participa de profissões relacionadas nos grupos 2 e 3. Na Música, a maior parte dos aprovados (54,05%) tem pais que ocupam profissões do Grupo 3. Finalmente, no curso de Química (diurno), 57,50% dos pais dos aprovados estão nos grupos 3 e 4.

Nos cursos com opção para a Licenciatura predominam pais cuja ocupação está relacionada nos grupos 3 e 4. Isso acontece nos cursos de Geografia diurno (70%), Química noturno (70%), Matemática diurno (66,66%), Pedagogia diurno (66,66%), Ciências Biológicas noturno (65%), Física noturno (60%), Matemática noturno (60%), Letras (56,25%) e História noturno (57,50%). Dentre esses cursos, o de Física noturno (43,33%), o de Matemática diurno (43,33%) e o de Química noturno (40%), grande parte dos pais dos aprovados tem profissões do Grupo 4. Os cursos de Educação Física (79%), História diurno (75%), Ciências Biológicas diurno (73,75%), Ciências Sociais (66,16%) e Filosofia (65,50%) apresentam maior participação nos grupos 2 e 3. Desses, destacam-se os cursos de Ciências Biológicas diurno (42,50%), Filosofia (42%) e Ciências Sociais (41,54%), com maior presença no Grupo 2. Os cursos noturnos de Pedagogia (61,66%) e Geografia (56,66%) têm a maioria de seus aprovados filhos de pais com ocupações nos grupos 4 e 5.

TABELA 13
OCUPAÇÃO PRINCIPAL EXERCIDA PELO PAI DOS APROVADOS
NO VESTIBULAR DE 1995 DA UNIVERSIDADE FEDERAL DE MINAS GERAIS

Cursos	Grupo 1	Grupo 2	Grupo 3	Grupo 4	Grupo 5	B/N
Belas Artes**	3,33	35,00	28,33	30,00	3,33	0,00
Ciência da Computação*	2,86	48,57	27,14	17,14	2,86	1,43
Ciências Biológicas (diurno - Bach./Lic.)	0,00	42,50	31,25	25,00	0,00	1,25
Ciências Biológicas (noturno - Lic.)	0,00	20,00	30,00	35,00	10,00	5,00
Ciências Sociais	1,54	41,54	24,62	27,69	1,54	3,08
Comunicação Social*	6,67	53,33	25,00	13,33	1,67	0,00
Direito*	4,00	61,00	24,67	7,33	2,00	1,00
Educação Física	1,00	42,00	37,00	16,00	3,00	1,00
Enfermagem	1,25	22,50	42,50	28,75	3,75	1,25
Filosofia	2,50	27,50	35,00	25,00	2,50	7,50
Física (diurno - Bach.)**	6,67	46,67	20,00	23,33	0,00	3,33
Física (noturno - Lic.)	0,00	23,33	16,67	43,33	13,33	3,33
Fisioterapia*	2,50	35,00	55,00	7,50	0,00	0,00
Geografia (diurno)	0,00	20,00	35,00	35,00	7,50	2,50
Geografia (noturno)	0,00	26,67	13,33	33,33	23,33	3,33
Geologia**	0,00	43,33	26,67	20,00	6,67	0,00
História (diurno)	2,50	37,50	37,50	15,00	2,50	5,00
História (noturno)	5,00	25,00	22,50	35,00	12,50	0,00
Letras	1,67	28,75	26,25	30,00	9,17	4,17
Matemática (diurno - Lic.)	3,33	16,67	23,33	43,33	6,67	6,67
Matemática (diurno - Bach.)	5,00	10,00	40,00	35,00	5,00	5,00

Cursos	Grupo 1	Grupo 2	Grupo 3	Grupo 4	Grupo 5	B/N
Matemática (noturno)	0,00	16,67	26,67	33,33	16,67	6,67
Medicina*	2,19	60,31	26,25	9,06	1,87	0,31
Música**	5,41	18,92	54,05	16,22	5,41	0,00
Pedagogia (diurno)	5,00	21,67	38,33	28,33	6,67	0,00
Pedagogia (noturno)	1,67	15,00	18,33	38,33	23,33	3,33
Psicologia	1,67	34,17	35,83	21,67	5,00	1,67
Química (diurno)**	2,50	27,50	27,50	30,00	12,50	0,00
Química (noturno)	0,00	3,33	30,00	40,00	20,00	6,67

Cabeçalho:
Grupo 1 - Banqueiro, deputado, senador, diplomata, capitalista, alto posto militar como general, alto cargo de chefia ou gerência em grandes organizações, alto posto administrativo no serviço público, grande industrial, grande proprietário rural com mais de 2.000 hectares, outras ocupações com características semelhantes.
Grupo 2 - Profissional liberal de nível universitário, como médico, engenheiro, arquiteto, advogado, dentista etc.; cargo técnico-científico, como pesquisador, químico-industrial, professor de universidade, jornalista ou outra ocupação de nível superior; cargo de chefia ou gerência em empresa comercial ou industrial de porte médio; posto militar de tenente, capitão, major, coronel; grande comerciante, dono de propriedade rural de 200 a 2.000 hectares e outras ocupações com características semelhantes.
Grupo 3 - Bancário, oficial de justiça, professor primário e secundário, despachante, representante comercial, auxiliar administrativo, auxiliar de escritório ou outra ocupação que exija curso de 1º grau (ginasial) completo. Inclui funcionário público com esse nível de instrução e exercendo atividades semelhantes, posto militar de sargento, subtenente e equivalentes; pequeno industrial, comerciante médio, proprietário rural de 20 a 200 hectares, outras ocupações com características semelhantes.
Grupo 4 - Datilógrafo, telefonista, mecanógrafo, contínuo, recepcionista, motorista (empregado), cozinheiro e garçom de restaurante, costureiro, operário qualificado (que tem um mínimo de aprendizado profissional, como mecânico, gráfico, metalúrgico, ferramenteiro), porteiro, chefe de turma, mestre de produção fabril, serralheiro, marceneiro; comerciário, como balconista, empregado de loja de artigos finos ou estabelecimento comercial de grande porte (casa de roupa, sapataria, joalheria, farmácia, drogaria, loja de aparelhos domésticos, mobiliárias); funcionário público no exercício de atividades semelhantes; posto militar de soldado, cabo e equivalentes; pequeno comerciante, sitiante, pequeno proprietário rural (até 20 hectares) e outras ocupações com características semelhantes.
Grupo 5 - Operário (não-qualificado), servente, carregador; empregado doméstico, como cozinheira, passadeira, lavadeira, arrumadeira; lixeiro, biscateiro, faxineiro, lavador, garrafeiro, pedreiro, garçom de botequim, lavrador ou agricultor (assalariado), meeiro, caixeiro de armazém ou de outro pequeno estabelecimento comercial varejista (quitanda, mercearia, peixaria, lanchonete, lojas de ferragens) e outras ocupações com características semelhantes.
Fonte: UFMG. Comissão Permanente do Vestibular (COPEVE), 1995.

Finalmente, quanto ao indicador ocupação principal exercida pela mãe dos aprovados no Vestibular de 1995 da UFMG (Tabela 14) nota-se que nos cursos mais concorridos da Universidade a maior parte está no Grupo 3: Comunicação Social (55%), Medicina (51,25%), Fisioterapia (50%), Ciência da Computação (48,57%) e Direito (46,67%).

As mães dos aprovados nos cursos menos disputados da UFMG apresentam maior participação nos grupos 3 e 4. Esse é o caso da Física diurno (76,66%), Geologia (63,34%), Belas Artes (63,33%) e Música (59,46%). Os cursos de Física (43,33%) e Música (40,54%) destacam-se pela grande presença no Grupo 3. A exceção entre os cursos com menor relação candidato/vaga é a Química (diurno). Nesse curso, a maioria dos aprovados (65%) tem mães atuando nos grupos 4 e 5, sendo 45% com presença no Grupo 5.

Na maior parte dos cursos com modalidade Licenciatura predominam mães com atuação nos grupos 3 e 4. É o caso da Geografia diurno (70%), Matemática diurno (70%), Educação Física (69%), Ciências Biológicas diurno (65%), História diurno (62,50%), Pedagogia diurno (60%), Ciências Sociais (58,53%), Letras (57,08%) e Filosofia (52,50%). Nesse grupo, os cursos de Ciências Biológicas diurno (47,50%), Educação Física (46%) e História diurno (45%) têm grande presença no Grupo 3.

Um outro grupo, formado pelos cursos noturnos de Física (70%), Matemática (70%), Geografia (63,34%), História (60%) e Ciências Biológicas (57,50%), possui a maioria das mães dos aprovados atuando nos grupos 4 e 5. Desses, a Geografia (46,67%) e a Matemática (43,33%) têm grande parte com presença no Grupo 5. Os cursos noturnos de Química (70%) e Pedagogia (70%) chamam a atenção para o elevado índice de mães com atuação no Grupo 5.

TABELA 14
OCUPAÇÃO PRINCIPAL EXERCIDA PELA MÃE DOS APROVADOS NO VESTIBULAR DE 1995 DA UNIVERSIDADE FEDERAL DE MINAS GERAIS

Cursos	Grupo 1	Grupo 2	Grupo 3	Grupo 4	Grupo 5	B/N
Belas Artes**	0,00	15,00	38,33	25,00	21,67	0,00
Ciência da Computação*	0,00	22,86	48,57	17,14	10,00	1,43
Ciências Biológicas (diurno - Bach./Lic.)	0,00	13,75	47,50	17,50	21,25	0,00
Ciências Biológicas (noturno - Lic.)	0,00	7,50	32,50	20,00	37,50	2,50
Ciências Sociais	0,00	12,31	35,38	26,15	21,54	4,62
Comunicação Social*	0,00	26,67	55,00	10,00	6,67	1,67
Direito*	2,00	29,67	46,67	10,67	9,33	1,67
Educação Física	0,00	12,00	46,00	23,00	18,00	1,00
Enfermagem	1,25	12,50	37,50	20,00	26,25	2,50
Filosofia	0,00	12,50	37,50	15,00	30,00	5,00
Física (diurno - Bach.)**	0,00	23,33	43,33	33,33	0,00	0,00
Física (noturno - Lic.)	0,00	6,67	23,33	36,67	33,33	0,00
Fisioterapia*	2,50	12,50	50,00	15,00	17,50	2,50
Geografia (diurno)	0,00	5,00	35,00	35,00	25,00	0,00
Geografia (noturno)	0,00	10,00	23,33	16,67	46,67	3,33
Geologia**	0,00	13,33	36,67	26,67	23,33	0,00
História (diurno)	0,00	10,00	45,00	17,50	22,50	5,00
História (noturno)	0,00	10,00	30,00	22,50	37,50	0,00
Letras	0,42	9,58	32,08	25,00	30,00	2,92
Matemática (diurno - Lic.)	0,00	0,00	36,67	33,33	26,67	3,33
Matemática (diurno - Bach.)	5,00	10,00	30,00	35,00	15,00	5,00
Matemática (noturno)	0,00	3,33	16,67	26,67	43,33	10,00
Medicina*	0,00	28,44	51,25	10,31	8,44	1,56
Música**	0,00	16,22	40,54	18,92	24,32	0,00
Pedagogia (diurno)	0,00	10,00	35,00	25,00	28,33	1,67

Cursos	Grupo 1	Grupo 2	Grupo 3	Grupo 4	Grupo 5	B/N
Pedagogia (noturno)	0,00	3,33	21,67	23,33	50,00	1,67
Psicologia	0,00	17,50	37,50	27,50	16,67	0,83
Química (diurno)**	0,00	10,00	20,00	20,00	45,00	5,00
Química (noturno)	0,00	0,00	16,67	13,33	70,00	0,00

Cabeçalho:
Grupo 1 - Banqueiro, deputado, senador, diplomata, capitalista, alto posto militar como general, alto cargo de chefia ou gerência em grandes organizações, alto posto administrativo no serviço público, grande industrial, grande proprietário rural com mais de 2.000 hectares, outras ocupações com características semelhantes.
Grupo 2 - Profissional liberal de nível universitário, como médico, engenheiro, arquiteto, advogado, dentista etc.; cargo técnico-científico, como pesquisador, químico-industrial, professor de universidade, jornalista ou outra ocupação de nível superior; cargo de chefia ou gerência em empresa comercial ou industrial de porte médio; posto militar de tenente, capitão, major, coronel; grande comerciante, dono de propriedade rural de 200 a 2.000 hectares e outras ocupações com características semelhantes.
Grupo 3 - Bancário, oficial de justiça, professor primário e secundário, despachante, representante comercial, auxiliar administrativo, auxiliar de escritório ou outra ocupação que exija curso de 1º grau (ginasial) completo. Inclui funcionário público com esse nível de instrução e exercendo atividades semelhantes, posto militar de sargento, subtenente e equivalentes; pequeno industrial, comerciante médio, proprietário rural de 20 a 200 hectares, outras ocupações com características semelhantes.
Grupo 4 - Datilógrafo, telefonista, mecanógrafo, contínuo, recepcionista, motorista (empregado), cozinheiro e garçom de restaurante, costureiro, operário qualificado (que tem um mínimo de aprendizado profissional, como mecânico, gráfico, metalúrgico, ferramenteiro), porteiro, chefe de turma, mestre de produção fabril, serralheiro, marceneiro; comerciário, como balconista, empregado de loja de artigos finos ou estabelecimento comercial de grande porte (casa de roupa, sapataria, joalheria, farmácia, drogaria, loja de aparelhos domésticos, mobiliárias); funcionário público no exercício de atividades semelhantes; posto militar de soldado, cabo e equivalentes; pequeno comerciante, sitiante, pequeno proprietário rural (até 20 hectares) e outras ocupações com características semelhantes.
Grupo 5 - Operário (não-qualificado), servente, carregador; empregado doméstico, como cozinheira, passadeira, lavadeira, arrumadeira; lixeiro, biscateiro, faxineiro, lavador, garrafeiro, pedreiro, garçom de botequim, lavrador ou agricultor (assalariado), meeiro, caixeiro de armazém ou de outro pequeno estabelecimento comercial varejista (quitanda, mercearia, peixaria, lanchonete, lojas de ferragens) e outras ocupações com características semelhantes.

Fonte: UFMG. Comissão Permanente do Vestibular (COPEVE), 1995.

Pelo exposto, pode-se concluir que as condições sociais, econômicas e culturais mais favoráveis (melhor renda, maior escolaridade e ocupações de maior prestígio), constituem importante fator de aprovação nos cursos mais disputados da Universidade. Assim como Bourdieu (1974),

> constata-se uma correlação muito forte entre o êxito escolar e o capital cultural familiar medido pelo nível de escolaridade dos ascendentes... (Idem, p. 313)

A origem sociocultural da maioria dos aprovados nos cursos com modalidade Licenciatura é bem menos privilegiada que a dos alunos que optaram pelos cursos mais concorridos dessa Instituição.

Os cursos com opção para a Licenciatura estão entre os *menos prestigiados* da Universidade. Apesar de um número relativamente grande de matrículas (em torno de 20% do total da UFMG), o número de graduados em Licenciatura, ou seja, aqueles que efetivamente se formam professor, é pequeno. Conseqüentemente, a contribuição dessa Instituição na formação de docentes para o ensino fundamental e médio tem sido quantitativamente pouco expressiva.

Analisando os dados referentes ao Vestibular da UFMG de 1995, conclui-se que existe uma heterogeneidade na composição sociocultural dos aprovados nos cursos com opção para a Licenciatura. Entre esses, há um grupo formado pelos cursos de Ciências Biológicas diurno, Ciências Sociais, Educação Física e História diurno, cujas características se aproximam mais daquelas observadas nos cursos mais disputados da Universidade. Esses parecem constituir vias de acesso à Universidade, às frações de classe que possuem elevado capital econômico e cultural.

Por outro lado, grande parte dos cursos com modalidade Licenciatura apresentam candidatos aprovados egressos de frações de classe com menor capital econômico e cultural, evidenciado pelo ingresso de muitos estudantes provenientes da rede pública de ensino, que freqüentaram cursos noturnos, que não freqüentaram "cursinhos", que têm pais com escolaridade inferior ao 2º grau completo e pais cujas ocupações são dos agrupamentos 4 e 5. Entre esses, destacam-se os cursos noturnos em geral e os cursos de Letras, Geografia diurno e Matemática diurno.

Finalmente, os dados apresentados neste capítulo descortinaram uma realidade que empiricamente ou mesmo pelas informações encontradas na bibliografia já era percebida, sem contudo precisar a dimensão e a proporção do problema.

O QUE PROFESSORES DE UM CURSO DE LICENCIATURA PENSAM SOBRE O ENSINO?

Este capítulo trabalha com dados de uma pesquisa, concluída em 1996, que procura analisar a situação atual das licenciaturas através do *estudo de caso* do curso de Ciências Biológicas da Universidade Federal de Minas Gerais (UFMG). A discussão presente nesta investigação tem como eixo a relação entre ensino e pesquisa na universidade e seus reflexos para as licenciaturas. O objetivo deste trabalho é analisar as representações que professores desse curso universitário vem construindo acerca de aspectos ligados ao ensino e com isso buscar novos elementos para a compreensão da formação inicial de professores no País.

Orientações teórico-metodológicas

Antes de passarmos para a apresentação e a análise dos dados sobre as representações de professores do curso em estudo é importante nos determos, mesmo que rapidamente, em algumas questões de ordem teórico-metodológica.

Inicialmente, é importante esclarecer que não pretendemos neste capítulo desenvolver um estudo minucioso sobre representação nem esgotar aqui as discussões teóricas a respeito desse conceito. Nosso objetivo neste momento é chamar a atenção para a potencialidade desse estudo na busca de explicações sobre a situação atual das licenciaturas nas universidades brasileiras e da importância da aplicação do conceito de representação nos trabalhos e investigações sobre a formação de professores.

Como sabemos, a palavra representação é polissêmica e admite diferentes significados de acordo com diferentes perspectivas nas ciências humanas. O conceito de representação designa uma noção que se encontra no cruzamento de conceitos oriundos da psicologia e da sociologia, buscando explicar como os processos sociais se reproduzem no nível individual e como a ação individual e grupal intervém na transformação dos processos sociais por meio de mecanismos cognitivos e socioculturais. A partir dessas representações, que são construídas socialmente, as pessoas possivelmente orientam suas ações.

Pelo menos três importantes pesquisadores fizeram referência ao termo *representação* em suas obras e/ou se dedicaram à definição desta palavra e à divulgação da importância da utilização desse conceito. Jean Piaget, Serge Moscovici e Pierre Bourdieu estão entre os pesquisadores que empregaram de maneiras diferenciadas a palavra *representação* em seus trabalhos. Antes desses autores, Émile Durkheim foi o primeiro a propor a expressão "representação coletiva", designando a especificidade do pensamento social em relação ao individual.

A representação na teoria do conhecimento (epistemologia genética) de Jean Piaget é empregada com dois sentidos diferentes.

> No sentido lato, representação é o mesmo que pensamento, isto é, o mesmo que toda inteligência que não se baseia simplesmente em percepções ou movimento (inteligência sensório-motora), e sim num sistema de conceitos ou esquemas mentais. No sentido estrito, a representação pode ser limitada à imagem mental ou à imagem memória, isto é, à evocação simbólica de realidades ausentes.

Esses dois sentidos de representação, segundo o autor, se relacionam entre si, na medida em que o conceito é um esquema abstrato e a imagem um símbolo concreto. Então,

> muito embora não se reduza mais o pensamento a um sistema de imagem, é concebível que todo o pensamento seja acompanhado de imagens. Isto porque, se o pensamento consiste em relacionar significações, a imagem seria um significante e o conceito um significado.

Na perspectiva da psicologia social, as representações são essencialmente dinâmicas, situam o indivíduo no mundo e, situando-o, definem sua identidade social, o modo de ser particular, produto de seu ser social. Segundo Serge Moscovici, a representação social

> compreende um sistema de valores, de noções, de práticas relativas a objetos sociais, permitindo a estabilização do quadro de vida dos indivíduos e dos grupos, constituindo um instrumento de orientação da percepção e de elaboração das respostas, e contribuindo para a comunicação dos membros de um grupo ou de uma comunidade.

Dessa forma, as representações apresentam-se como "imagens, afirmações que se formam, veiculam e consolidam no processo de interação e comunicação social".

Tanto Piaget quanto Moscovici trabalham com a idéia de que o sujeito, quando a realidade lhe é apresentada como algo desconhecido, se confronta com situações "desequilibradoras". Para que se reduzam (a tensão e o desequilíbrio) é preciso que o conteúdo da realidade que esse indivíduo desconhece se desloque para dentro de um conteúdo que já compõe seu universo, transformando-o e passando também a compô-lo. Segundo Moscovici, "mais exatamente, é necessário tornar familiar o insólito e insólito o familiar, mudar o universo sem que ele deixe de ser o nosso universo".

Dentro de uma outra perspectiva, mais sociológica e menos psicológica, Pierre Bourdieu afirma que as relações sociais estruturais da sociedade se reproduzem, no nível simbólico, segundo o princípio da homologia estrutural, por meio de um sistema de disposições que se manifesta pelo *habitus* e pelo *ethos* de um grupo ou classe social. Nesse sistema de disposições duráveis tem-se esquemas históricos de percepção e apreciação que são produto da divisão objetiva em classes (idade, gênero, nível socioeconômico), em geral inconscientes, que produzem sistemas de classificação aplicáveis à realidade objetiva, ou o conhecimento prático do mundo social.

A noção de *habitus* é muito importante para compreendermos o sentido em que Bourdieu trabalha o termo representação em sua obra. O *habitus* tende a conformar e a orientar a ação, mas na medida em que é produto das relações sociais, tende a garantir a reprodução dessas mesmas relações objetivas que o engendraram. A interiorização, pelos atores, dos valores, normas e princípios sociais assegura, dessa maneira, a adequação entre as ações do sujeito e a realidade objetiva da sociedade como um todo. Quando se considera que a prática se traduz por uma "estrutura estruturada predisposta a funcionar como estrutura estruturante", explicita-se que a noção de *habitus* não somente se aplica à interiorização das normas e valores, mas inclui os sistemas de classificações que preexistem (logicamente) às representações sociais. O *habitus* pressupõe um conjunto de "esquemas generativos" que presidem a escolha; eles se reportam a um sistema de classificação que é, logicamente, anterior à ação. Por outro lado, esses esquemas estão na origem de outros "esquemas generativos", que presidem a apreensão do mundo como conhecimento.

O *habitus* se apresenta, pois, como social e individual: refere-se a um grupo ou uma classe, mas também ao elemento individual; o processo de interiorização implica sempre internalização da objetividade, o que ocorre certamente de forma subjetiva, mas que não pertence exclusivamente ao domínio da individualidade. A relativa homogeneidade dos *habitus* subjetivos (de classe, de grupo) encontra-se assegurada na medida em que os indivíduos internalizam as *representações* objetivas segundo as posições sociais de que efetivamente desfrutam.

Percebe-se, então, que do ponto de vista sociológico enfatiza-se a incorporação das estruturas fundamentais da sociedade pelo sujeito social. Do ponto de vista psicológico enfatiza-se os processos individuais envolvidos na expressão das representações sociais (diversidade de atitudes e opiniões derivadas de um princípio de classificação comum e consensual), processos de categorização, de equilíbrio cognitivo, de atribuição, processos lingüísticos etc.

Dessa forma, partindo das considerações desses autores sobre as possibilidades que o homem tem de conceber, pensar, elaborar, refletir, reproduzir, recriar, construir e representar a realidade com a qual interage, parece viável tentar analisar, ao investigar a formação de professores nas licenciaturas, em especial no curso de Ciências Biológicas da UFMG, o que professores desse curso declaram sobre as atividades de ensino e pesquisa e as conseqüências disso para os cursos de formação docente nas universidades.

Para a obtenção dos dados sobre a representação de professores e alunos do referido curso, a respeito de ensino e pesquisa utilizamos um questionário, constituído apenas de questões abertas. Serão analisadas neste artigo, por uma questão de restrição de espaço, apenas as respostas dadas pelos professores e alunos às perguntas relacionadas ao ensino.

Foram devolvidos aproximadamente 300 questionários, sendo 67 respondidos por professores, o que corresponde a 59,59% do corpo docente do curso em estudo e 235 respondidos por alunos, correspondendo a 53,78% do corpo discente. Para se chegar às representações desses sujeitos em relação ao ensino analisamos seu entendimento sobre essa atividade, perguntando: "O que você entende por ensinar?"; suas imagens a respeito do "bom professor": "O que você considera ser um bom professor?" e, finalmente, suas opiniões sobre o que é mais importante na formação do professor: "O que você considera importante na formação do professor?" As respostas às questões abertas foram transcritas e posteriormente analisadas. Elas foram agrupadas e categorizadas de acordo com as diferentes representações sobre ensino apresentadas pelos professores e alunos do curso em questão. A reação e os comentários desses sujeitos durante a aplicação do questionário também foram anotados e enriqueceram o próprio conteúdo desse instrumento de pesquisa.

É importante ressaltar a dificuldade que tivemos em classificar essas respostas, principalmente pelo fato delas apresentarem duas ou mais idéias diferentes, mesclando mais de uma matriz teórica em seu conteúdo. Dificilmente foi encontrada uma posição "pura" nessas representações. Elas assemelhavam-se mais a um "mosaico" de idéias, contendo diversas posições e identificando-se com diferentes abordagens teóricas. Por isso, no trabalho de categorização procuramos perceber a idéia central da resposta e a partir daí formar os diferentes grupos. Mesmo assim, para efeito da análise quantitativa, as respostas que continham marcadamente duas ou mais posições foram colocadas em dois ou mais grupos distintos. Sendo assim, uma mesma resposta pôde aparecer em dois ou mais grupos.

Diferentes representações sobre ensino

Serão apresentadas a seguir as diferentes representações entre professores do curso de Ciências Biológicas da UFMG relacionadas ao ensino. As respostas dos professores foram organizadas em cinco grandes grupos, cada um trazendo uma idéia central a respeito da atividade de ensino. Após a apresentação de cada grupo de professores com suas representações, discutimos seu possível embasamento teórico. Dessa forma, inferimos para cada grupo de respostas uma referência na produção acadêmica educacional.

O primeiro grupo centrou suas respostas na idéia de que ensinar é transmitir, transferir, passar conhecimentos e informações para o aluno (23,38% do total de professores do curso analisado — Ver Tabela). Como, por exemplo, na resposta dada por um(a) professor(a) da Licenciatura: ensinar é transmitir informações, conhecimentos produzidos na sociedade.

Essa idéia é reforçada pela representação do "bom professor" como "bom transmissor" de conhecimentos. O "bom professor" é representado, então, como um bom *comunicador*, aquele que age de forma sistemática, que organiza o conhecimento, que sabe dosá-lo de acordo com o nível de aprendizagem dos alunos, por meio de uma seqüência lógica, hierárquica e correta dos conhecimentos.

> Ser um bom professor é comunicar-se bem com seus estudantes, tentando passar-lhes a matéria que você conseguiu aprender, isto através de estudo, naquela área do conhecimento. É um jogo de sedução cujas peças são o conhecimento da disciplina e o encantamento de compreender o melhor possível. (Professor(a) do Ciclo Básico)

Para ser um "bom transmissor", o professor deve ter domínio do conhecimento e "didática" para passar as informações de forma clara aos alunos.

> O 'bom professor' é aquele que procura aliar conceitos a atividades didáticas. Se preocupa em transmitir o conteúdo de forma organizada e inserido no contexto da área de estudo. (Professor(a) do Bacharelado)

Na sua formação é importante que o professor tenha uma boa formação acadêmica, por meio de uma sólida base conceitual e uma boa formação "didática". Daí a necessidade de se fazer um bom curso de graduação para dominar o conteúdo a ser ensinado e também a

Licenciatura e as disciplinas didáticas para aprender a "ensinar" esse conteúdo. Resumindo, na formação docente é importante "ter uma formação sólida e ter feito disciplinas de didática." (Professor(a) do Ciclo Básico)

Além do curso de formação centrado no "que ensinar" e no "como ensinar", a competência técnica pode ser também adquirida pela experiência e vivência no campo da docência "além do currículo formal, ter experiência profissional." (Professor(a) da Licenciatura)

Alguns destacaram também a importância de se ter "bons professores" durante o curso de formação, talvez para que esses "mestres" sirvam de exemplo ou de modelo para o futuro docente.

> Ter tido bons professores formadores e conhecedores do conteúdo que ensinam. (Professor(a) da Licenciatura)

Esses professores que representaram a atividade docente como "transmissão de conhecimentos" aproximam-se da *abordagem tradicional* sobre ensino. Como se sabe, essa abordagem entende o fenômeno educacional como instrução, caracterizada como transmissão de conhecimentos e restrita à ação da escola. O professor é considerado elemento imprescindível na transmissão de idéias pré-selecionadas e organizadas logicamente (concepção de educação como *produto*). O ensino tradicional é essencialmente verbalista, mecânico, mnemônico e de reprodução do conteúdo transmitido via professor, aulas expositivas ou via livro-texto. Esse tipo de abordagem baseia-se, segundo Paulo Freire, na tipologia da "educação bancária", ou seja, uma forma de ensino que se caracteriza por "depositar" no aluno conhecimentos, informações, dados, fatos etc.

O segundo grupo pode ser caracterizado como sendo intermediário. Os professores pertencentes a esse grupo ainda não abandonaram a idéia do ensino como "transmissão de conhecimentos", mas também não restringiram suas respostas a essa abordagem (19,48% do corpo docente — Ver Tabela). As respostas contidas nesse agrupamento trazem a idéia de que ensinar é transmitir conhecimentos associada com outras noções sobre a atividade docente, como "desenvolver senso crítico", "ensinar o aluno a aprender sozinho", "levantar problemas" etc. Por exemplo, um(a) professor(a) do Bacharelado escreveu que ensinar é

> transmitir conhecimentos ao aluno juntamente com o incentivo ao espírito crítico, de forma que o aluno possa não só receber a informação mas também processá-la criticamente.

Outros professores responderam que ensinar é empenhar-se na solução de problemas levantados a partir dos conhecimentos transmitidos pelo professor. Por exemplo,

> ensinar é transmitir conhecimentos, levantar problemas ou situações e tentar resolvê-los com os conhecimentos adquiridos. (Professor(a) do Ciclo Básico)

Os docentes que obtiveram suas respostas colocadas nesse grupo representaram o "bom professor" não apenas como transmissor de conhecimentos, pois, além disso, ele deve ser capaz de criar outras condições de aprendizagem no ambiente de sala de aula. Por exemplo,

> um bom professor é aquele que consegue passar o seu conhecimento aos alunos e que os estimula a procura de novos conhecimentos. (Professor(a) do Ciclo Básico)

Além da necessidade do domínio do conteúdo, aliado ao conhecimento didático, foi ressaltado como importante na formação desse professor, um perfil mais "generalista" e uma abertura maior para lidar com seus alunos.

> Bom nível de conhecimentos gerais. Domínio da disciplina que ministra. Experiência naquilo que ensina. (Professor(a) do Bacharelado).

O terceiro grupo representou o ensino como "mudança de comportamento". As respostas giraram em torno da idéia de que ensinar é "fazer o aluno mudar de comportamento" ou "desenvolver determinadas capacidades, atitudes e habilidades nos alunos". (14,29% dos professores — Ver Tabela). Por exemplo, nos dizeres do(a) professor(a):

> ensinar para mim significa treinar. Como se ensina um papagaio a falar, um cão a saltar. Portanto, para mim é impossível ensinar um assunto a alguém. No máximo, ensinamos a estudar, perguntar, apresentar dados, questionar, ler. Estes são adquiridos por treino; é possível treinar um mal orador de forma que ele se torne um orador razoável. Não é possível ensinar, o aluno tem que aprender sozinho. (Professor(a) do Ciclo Básico)

Esse(a) professor(a) nega a possibilidade do ensino de conteúdos por parte do trabalho docente. Na sua concepção, só é possível "ensinar" habilidades, como "estudar, perguntar, apresentar dados, ler", isso por meio de treinamento. A aprendizagem de conteúdos por parte do aluno existe, mas não depende diretamente do trabalho em sala de aula.

A "mudança de comportamento" ou o "desenvolvimento de determinada capacidade ou habilidade" no aluno pode ser, no final do processo, demonstrada pelo professor. Para tal, as atividades em sala de aula devem ser meticulosamente planejadas pelo docente por meio da definição de objetivos previamente estabelecidos. Ou, nos dizeres de um(a) professor(a):

> ensinar é produzir uma capacidade previamente planejada (por meio de objetivos) nos alunos. A capacidade deve ser demonstrável, ou seja, ao final do curso os alunos devem ser capazes de tarefas que não eram antes. (Professor(a) do Bacharelado)

Conseqüentemente, o "bom professor" é aquele que consegue, ao final do processo, produzir as capacidades e habilidades desejadas nos alunos da forma mais eficiente possível.

> Aquele que busca as melhores maneiras de produzir essas capacidades e monitora o desenvolvimento delas de maneira responsável, ou seja, visando o melhor aproveitamento e a maior obtenção dessas capacidades possível. (Professor(a) do Bacharelado)

Além disso, o "bom professor" é aquele que consegue avaliar de maneira eficaz a aprendizagem do aluno ou o desenvolvimento de uma nova habilidade.

> Aquele que consegue avaliar adequadamente o nível de conhecimento e a capacidade de aprendizado dos alunos, adequando as tarefas de forma a levá-los a desenvolver-se independentemente. (Professor(a) do Bacharelado)

Para formar-se um "bom professor" dentro dessa concepção de ensino é necessário que o docente também receba um treinamento adequado. O aprimoramento técnico na área específica de conteúdo e no campo pedagógico foi ressaltado por algumas respostas do questionário.

> Um treinamento (formal ou não) em Pedagogia e uma sólida formação técnica na área de atuação, além de uma formação intelectual que lhe permita construir uma ponte entre o conteúdo técnico e o mundo do aluno. (Professor(a) do Bacharelado)

A representação de ensino como mudança de comportamento aproxima-se da abordagem comportamentalista da educação, fundamentada basicamente no pensamento skinneriano. Como sabemos, nessa abordagem o ensino é composto por padrões de comportamento que podem ser mudados pelo treinamento, segundo objetivos pré-fixados. Os objetivos de treinamento são as categorias de comportamento ou habilidades a serem desenvolvidas. Essas habilidades são compreendidas como respostas emitidas que podem ser medidas e observadas. Segundo tal abordagem, o professor teria a responsabilidade de planejar e desenvolver o sistema de ensino-aprendizagem, de tal forma que o desempenho do aluno seja maximizado.

O quarto grupo de respostas traz a idéia de que ensinar é um fenômeno que acontece na interação professor-aluno, de modo que o primeiro tem um importante papel na intermediação do aluno com o objeto de conhecimento. A resposta que talvez melhor sintetize o pensamento desse grupo é:

> ensinar é atuar como mediador entre o aluno e o objeto de conhecimento; é possibilitar ao aluno acesso a informações específicas de determinada área do conhecimento. É algo complexo que envolve aprendizagens múltiplas por parte do aluno e do professor. (Professor(a) da Licenciatura)

Todavia, são diferentes as formas de atuação do professor na mediação entre o aluno e o objeto de conhecimento. O professor estrutura situações de aprendizagem ou cria condições favoráveis de aprendizagem, motivando-o a conhecer mais, ou orientando o aluno a estudar, a resolver problemas. É possível, então, identificar nesse grupo pelo menos dois subgrupos de respostas que especificam melhor a representação dos docentes sobre ensino.

O primeiro subgrupo, por exemplo, enfatiza que ensinar é criar, proporcionar, propiciar condições favoráveis para a aprendizagem, despertando no aluno o interesse em conhecer (22,08% do corpo docente do curso em estudo — Ver Tabela).

> Propiciar ao aluno condições e ambientes adequados para a aprendizagem, estimulando-o e despertando-o para as questões fundamentais da ciência e do conhecimento. (Professor(a) do Bacharelado)

Dessa forma, o "bom professor", por "ser aberto" e por "saber dialogar" com seus alunos, ele

> consegue despertar no aluno o entusiasmo pela sua disciplina e pelo assunto ministrado. (Professor(a) do Ciclo Básico)

Conseqüentemente, destaca-se na sua formação o desenvolvimento da sua capacidade, vista muitas vezes como algo inato, de relacionar bem com os alunos. Ressalta-se aqui principalmente o "lado humano" da atividade docente.

> O conhecimento básico das disciplinas aplicadas e didáticas e principalmente o lado 'humano' do ensinar, relacionando diretamente com o aluno de forma vibrante e segura. (Professor(a) do Ciclo Básico)

As representações de ensino desse primeiro subgrupo identificam-se mais com a *abordagem humanista* de educação, de inspiração rogeriana. Segundo essa abordagem, o professor em si não transmite conteúdo, ele "dá assistência", sendo um facilitador da aprendizagem. Ou seja, "o professor não ensina, apenas cria condições para que os alunos aprendam". Não existem, portanto, modelos prontos nem regras a seguir, mas um processo de "vir-a-ser". Desse modo, o ensino será "centrado no aluno", em que a finalidade primeira da educação é a criação de condições que facilitem a aprendizagem dos alunos, tornando-os "pessoas de iniciativa, de responsabilidade, de autodeterminação, de discernimento". Portanto, o "método não-diretivo" ou a não-diretividade da ação do professor implementa a atitude básica de confiança e respeito pelo aluno.

O segundo subgrupo reforça a idéia de que ensinar é orientar, ajudar o discente a aprender, desenvolvendo a sua criatividade, apresentando problemas para serem solucionados pelo aluno. As respostas desse subgrupo reforçam a importância do aluno "gerar", "construir" o conhecimento com auxílio do professor. (10,39% do total — Ver Tabela). Por exemplo, ensinar é

> orientar o aluno na identificação/equacionamento de um problema e na criação de soluções para este problema. (Professor(a) do Ciclo Básico)

Ou, completando a idéia anterior, outro(a) professor(a) do Ciclo Básico afirma que

> ensinar é orientar o aluno para que ele possa buscar o seu próprio conhecimento. É desenvolver a criatividade e a vontade de aprender sempre mais tornando o aluno interessado também em gerar conhecimento.

Na mesma linha de raciocínio, o "bom professor" é aquele que sistematiza o seu conhecimento e, com isso, tem condições de auxiliar o aluno na "apropriação" do conhecimento.

> Bom professor é aquele que 'consegue' a partir de uma sistematização do próprio conhecimento contribuir efetivamente para o processo de 'apropriação' de conhecimentos pelo outro. (Professor(a) da Licenciatura)

Para tal, seria necessário que o professor vivenciasse a prática de pesquisa durante seu curso de formação ou que procurasse fazer cursos de pós-graduação voltados para a prática investigativa. Por isso, algumas respostas ressaltam a importância para a formação do professor de se ter "a experiência de pesquisador". (Professor(a) do Ciclo Básico)

As representações sobre ensino desse subgrupo combinam-se com os princípios piagetianos da abordagem cognitivista de educação. Nessa abordagem, as relações entre sujeito e objeto são epistêmicas. O processo educacional tem um papel importante ao provocar situações que sejam desequilibradoras para o aluno, adequadas ao nível de desenvolvimento em que se encontra, de forma que seja possível a construção progressiva das noções e operações, ao mesmo tempo em que o discente vive intensamente (intelectual e afetivamente) cada etapa do seu desenvolvimento. O ensino baseia-se no ensaio e no erro, na pesquisa, na investigação, na solução de problemas por parte dos alunos (consiste em *processos* e não em produtos de aprendizagem). A "descoberta" garante ao sujeito uma compreensão da estrutura fundamental do conhecimento. Conseqüentemente, caberá ao professor propor problemas aos alunos sem ensinar-lhes as soluções. Sua função consiste em provocar desequilíbrios, fazer desafios. Deve orientar o aluno e conceder-lhe ampla margem de autocontrole e autonomia. Deve assumir o papel de investigador, pesquisador, orientador, coordenador, levando o aluno a trabalhar o mais independentemente possível.

O quinto e último grupo congrega respostas dos professores que representaram o ensino como um fenômeno social que contribui para a formação ampla do aluno. A resposta dada por um(a) professor(a) do Ciclo Básico resume o pensamento desse grupo:

> formar o aluno não só intelectualmente mas de forma ampla, preocupando-se com sua atuação na sociedade, a partir dos ensinamentos.

O "bom professor", concebido dentro dessa óptica, deve ter compromisso com a tarefa de ensinar e com a formação e consciência crítica dos alunos.

> Aquele que além de discutir, orientar e estimular a sistematização do conhecimento por parte do aluno, tem compromisso e consciência crítica. (Professor(a) da Licenciatura)

Conseqüentemente, esse professor deve possuir uma formação humanística mais eclética, ter uma visão mais ampla das coisas, extrapolando os conhecimentos específicos de sua área. Para isso, o professor deveria

> viver experiências sócio-culturais acadêmicas e extra-acadêmicas que permitam ao docente ler, interrogar e reinventar a vida e o mundo. Experiências que o aproximem não apenas da ciência, mas da história da humanidade e das várias linguagens que constróem o humano, como a arte, por

exemplo. Assim, teremos um professor múltiplo, amplo, capaz de enfrentar o trabalho que o espera. (Professor(a) da Licenciatura)

Esse tipo de representação sobre ensino encontra maior respaldo nas correntes da chamada "Pedagogia Crítica", influenciadas pela fenomenologia, pelo marxismo e pelo neomarxismo. Essa representação identifica-se mais com a *abordagem sociocultural* de educação, fundamentada principalmente nas idéias de Paulo Freire. De acordo com essa abordagem, o homem, situado no tempo e no espaço, e inserido num contexto social, econômico, cultural e político, ou seja, num contexto histórico, chegará a ser sujeito por meio da reflexão sobre seu ambiente concreto, tornando-se gradualmente consciente, comprometido a intervir na realidade para mudá-la. A elaboração e o desenvolvimento do conhecimento estão ligados a esse processo de conscientização. Este, por sua vez, é sempre "inacabado, contínuo e progressivo". A "educação problematizadora ou conscientizadora" objetiva, então, o desenvolvimento da consciência crítica e a liberdade como meios de superar as contradições da sociedade. O professor, ou melhor, o "educador" é aquele que, "engajado em uma prática transformadora", procura desmitificar e questionar, com o aluno, a cultura dominante, valorizando a linguagem e a cultura deste.

É importante ressaltar que várias respostas reforçaram a necessidade do professor de "manter-se atualizado" e de "gostar do que faz", como condição importante para o sucesso na atividade docente. "Ser humilde", "ter senso crítico", "saber dialogar", "ser aberto" e "procurar aprender sempre" são algumas qualidades e capacidades também levantadas pelos docentes do curso em estudo.

TABELA

REPRESENTAÇÕES SOBRE ENSINO ENTRE PROFESSORES(AS)
DO CURSO DE CIÊNCIAS BIOLÓGICAS DA UFMG

	Professores(as)			
	Ciclo Básico	Bacharelado	Licenciatura	Total
Grupo 1	7 (20,59)	6 (25,00)	5 (26,32)	18 (23,38)
Grupo 2	11 (32,35)	1 (4,17)	3 (15,79)	15 (19,48)
Grupo 3	2 (5,88)	6 (25,00)	3 (15,79)	11 (14,29)
G.4 Sub 1	7 (20,59)	6 (25,00)	4 (21,05)	17 (22,08)
G.4 Sub 2	4 (11,76)	2 (8,33)	2 (10,53)	8 (10,39)
Grupo 5	2 (5,88)	1 (4,17)	1 (5,26)	4 (5,19)

O estudo das representações de professores do curso de Ciências Biológicas da UFMG sobre a atividade de ensino revelou outras dimensões interessantes que devem ser levadas em consideração no diagnóstico e na análise da situação atual dos cursos de licenciatura nas universidades brasileiras.

De uma maneira geral, essas representações reforçaram os sentidos, os significados e as concepções veiculadas na sociedade que associam a esse termo a idéia de "transmissão de conhecimentos". Nessa mesma investigação, as análises das respostas sobre a atividade de pesquisa, não apresentadas neste artigo, permitem-nos afirmar que essa palavra traz consigo a idéia de "estudo minucioso, sistemático e organizado" na ânsia de "descobrir coisas novas" e de "explicar" diferentes fenômenos. Orientada a fim de resolver, desvendar e solucionar problemas ou responder perguntas, a pesquisa parece representar uma atividade mais inteligente, criativa, ilustre e privilegiada do que o ensino. Segundo essas representações, é possível deduzir que o pesquisador é aquele que produz, cria, gera novos conhecimentos, cabendo ao professor *simplesmente* transmiti-los aos seus alunos.

Além disso, o ensino foi representado por uma parte significativa dos professores do curso em questão como dependente do ambiente e do educando e que não depende diretamente do trabalho docente. Nessa concepção, em que o professor deve apenas oferecer as "ferramentas" aos seus alunos e propiciar um ambiente favorável ao processo de aprendizagem, a formação do professor corre o risco de ser interpretada como dependente de "dons pessoais", ou seja, daquele "nascido" para a tarefa de ensinar.

Podemos ainda afirmar que essas representações sobre ensino também reforçam o modelo atual de currículo para as licenciaturas na maioria das universidades brasileiras. Como sabemos, o curso de formação de professores se estrutura e se baseia no "que ensinar" (disciplinas de conteúdo) e no "como ensinar" (disciplinas pedagógicas), reforçando a idéia do professor como transmissor.

Dessa maneira, as representações influenciam a construção da realidade, por exemplo, no momento de pensar o currículo das licenciaturas, ao mesmo tempo que a realidade influencia a constituição dessas representações, a própria estrutura do currículo construindo/reconstruindo determinadas idéias e concepções sobre o ensino. Sendo assim, no contexto atual da universidade brasileira, em que a atividade de ensino tem menor *status* acadêmico do que a pesquisa, as reformas curriculares podem representar um primeiro passo, mas não o único, em direção à melhoria dos cursos de formação inicial de professores. Há a necessidade de efetivar também mecanismos que valorizem a atividade de ensino no próprio seio acadêmico, reconhecendo a legitimidade do "saber docente" e do ensino como tarefa que requer elaboração, criatividade e inventividade tanto quanto na produção do conhecimento científico.

A valorização da docência, da atividade de ensino e da formação profissional nas universidades brasileiras deve ser um projeto a médio e longo prazo, pois ela dependerá de mudanças nas leis intrínsecas desse *mercado acadêmico*, que hoje atribui muito mais *créditos* à atividade de pesquisa. Finalmente, pode-se dizer que tais mudanças requerem modificações nas representações atuais sobre as atividades de ensino e pesquisa na universidade. Estas, por sua vez, necessitam de ações práticas que ajudem a reconstruir tais imagens, hoje sustentadas por determinados comportamentos que reforçam a dicotomização ensino/pesquisa.

AS LICENCIATURAS E AS LUTAS CONCORRENCIAIS NO CAMPO UNIVERSITÁRIO

O objetivo deste capítulo é buscar subsídios para uma melhor compreensão da situação atual de menor *status* acadêmico das licenciaturas nas universidades brasileiras e das conseqüentes dificuldades enfrentadas por esses cursos para implementação de mudanças significativas. Para tal, por meio da análise dos conflitos de natureza simbólica decorrentes de interesses em oposição no *campo acadêmico*, serão apresentados os resultados de uma investigação sociohistórica realizada no curso de Ciências Biológicas da Universidade Federal de Minas Gerais (UFMG).

O *campo acadêmico*, ou *universitário*, como outros campos simbólicos, é um local de luta, onde opõem-se interesses de ordem simbólica. Segundo Bourdieu (1990, p. 116), "a universidade também é o lugar de uma luta para saber quem, no interior desse universo socialmente mandatário para dizer a verdade sobre o mundo social (e sobre o mundo físico), está realmente (ou particularmente) fundamentado para dizer a verdade".

O conceito de *campo* refere-se aos diferentes espaços sociais que possuem objetos de disputas e interesses específicos e por isso mesmo são irredutíveis aos objetos de lutas e aos interesses próprios de outros campos. Todavia, há leis gerais que regem os diferentes campos, ou seja, existem homologias estruturais e funcionais entre todos os campos. Sendo assim, "campos tão diferentes como o campo da política, o campo da filosofia, o campo da religião possuem leis de funcionamento invariantes" (BOURDIEU, 1983b, p. 89).

A estrutura de um campo "é um estado da relação de força entre os agentes ou as instituições engajadas na luta ou, se preferirmos, da distribuição do capital específico[1] que, acumulado no curso das lutas anteriores, orienta as estratégias ulteriores" (BOURDIEU, 1983b, p. 90). De uma maneira geral, todos os campos se estruturam a partir de relações de aliança e/ou conflito entre os seus diferentes agentes que lutam pela posse de determinadas formas específicas de capital. As hierarquias no interior de cada um desses campos se estabelecem pela maior ou menor detenção, pelos agentes dessas formas específicas de capital.

Nos campos de produção de bens simbólicos e culturais, a forma específica do capital que move as lutas no interior do campo é o capital simbólico expresso em forma de reconhecimento, legitimidade e consagração, institucionalizadas ou não, que os diferentes agentes ou

---

[1] É o próprio Bourdieu quem esclarece esse termo: "falar de capital específico é dizer que o capital vale em relação a um certo campo, portanto dentro dos limites desse campo, e que ele só é convertível em outra espécie de capital sob certas condições" (1983b, p. 90).

instituições conseguiram acumular no decorrer das lutas no interior do campo (BOURDIEU, 1990).

O funcionamento de um campo depende da existência de "objetos de disputas e de pessoas prontas para disputar o jogo, dotadas de habitus[2] que impliquem no conhecimento e reconhecimento das lei imanentes do jogo, dos objetos de disputa etc" (BOURDIEU, 1983b, p. 89).

O universo da ciência está submetido às mesmas leis gerais da teoria dos campos e, ao mesmo tempo, assume formas específicas no interior desse campo. O campo científico

> é o lugar, o espaço de jogo de uma luta concorrencial. O que está em jogo especificamente nessa luta é o monopólio da autoridade científica definida, de maneira inseparável, como capacidade técnica e poder social; ou, se quisermos, o monopólio da competência científica, compreendida enquanto capacidade de falar e agir legitimamente (isto é, de maneira autorizada e com autoridade), que é socialmente outorgada a um agente determinado. (BOURDIEU, 1983a, p. 122-23)

De acordo com o mesmo autor, "o universo 'puro' da mais 'pura' ciência é um campo social como outro qualquer, com suas relações de força e monopólios, suas lutas e estratégias, seus interesses e lucros, mas onde todas essas invariantes revestem formas específicas" (BOURDIEU, 1983a, p. 122).

---

[2] Por habitus (BOURDIEU, 1983a, 1989) se quer designar um sistema de disposições duráveis e socialmente constituídas que, incorporadas a um agente ou a um conjunto de agentes, orientam e dão significado às suas ações e representações. São "estruturas estruturantes" que ultrapassam o nível da consciência e fazem a mediação entre, de um lado, as estruturas sociais e, de outro, as práticas individuais. Constitui ao mesmo tempo um "ofício", um capital de técnicas, de crenças e referências em relação aos diferentes campos da vida social que orientam a ação dos indivíduos frente ao mundo e são o fruto de sua história cultural e social pregressa.

A história do *campo* das Ciências Biológicas na UFMG, utilizada aqui como um *estudo de caso*[3], revela pontos significativos que poderão contribuir para um melhor entendimento da atual situação de menor *status* acadêmico dos cursos de formação docente nas universidades brasileiras. Essa história inicia-se no final da década de 30 com a criação da Faculdade de Filosofia que abrigou, entre outros, o curso de História Natural, responsável pela formação de professores de Biologia e de pesquisadores na área biológica.

A emergência do campo das Ciências Biológicas na UFMG

Inspirado no modelo original da Universidade de São Paulo (USP), o grupo de fundadores da Faculdade de Filosofia de Minas Gerais (FFMG) tinha como ideal

---

[3] Segundo Triviños (1992), o "estudo de caso" é um dos mais relevantes tipos de pesquisa qualitativa em Ciências Sociais, constituindo-se em uma expressão importante dessa tendência na investigação educacional. Segundo esse autor, "o estudo de caso é uma categoria de pesquisa cujo objeto é uma *unidade* que se analisa aprofundadamente" (Idem, p. 133). Na mesma direção, André (1984), fundamentada em Aldeman et al., afirma que "o estudo de caso é um termo amplo, incluindo uma família de métodos de pesquisa cuja decisão comum é o enfoque numa instância." Partindo dessa definição, autores como Nisbett e Watt sugerem que "o estudo de caso seja entendido como uma investigação sistemática de uma instância específica. Essa instância, segundo eles, pode ser um evento, uma pessoa, um grupo, uma escola, uma instituição, um programa etc." (Idem, p. 51). De acordo ainda com Lüdke & André (1986), o "caso" é sempre bem delimitado, devendo ter seus contornos claramente definidos no desenrolar do estudo. O "caso" pode ser similar a outros, mas é ao mesmo tempo distinto, pois tem um interesse próprio, singular. Fundamentadas em Goode e Hatt, elas afirmam que o *caso* se destaca por constituir numa unidade dentro de um sistema mais amplo. "O interesse, portanto, incide naquilo que ele tem de único, de particular, mesmo que posteriormente venham a ficar evidentes certas semelhanças com outros casos ou situações" (Idem, p. 17). O curso de Ciências Biológicas da UFMG constitui-se o *caso* ou *unidade* que pretendemos estudar para melhor entender a situação atual dos cursos de formação docente nas universidades brasileiras.

estabelecer em Belo Horizonte um espaço onde não houvesse uma preocupação restrita com o preparo para uma determinada profissão. Um lugar em que fosse possível pensar em temas de natureza mais geral, menos comprometido com uma aplicação imediata, com uma finalidade prática.

Esse espírito descomprometido dos fundadores da Faculdade de Filosofia pode ser verificado por meio de um artigo publicado no primeiro número da *Revista Kriterion*, periódico da Faculdade lançado em 1947, em que a concepção fundamental da instituição e seus objetivos não se limitavam à formação de professores para o ensino secundário e normal:

> não sendo uma Faculdade puramente profissional, como as demais e tendo em vista principalmente realizar pesquisas desinteressadas nos vários domínios das ciências, das letras, da filosofia e da arte, isto é, nos vários domínios da alta cultura, da cultura desinteressada e integral, sem objetivos práticos, imediatistas, precisamente por isso a Faculdade de Filosofia prepara melhor do que nenhuma outra, o chamado trabalhador intelectual, técnico ou não. O que a Faculdade de Filosofia visa formar antes de tudo é o pesquisador, o cientista, o estudioso, o letrado, isto é, o homem que faz avançar a ciência e não somente o homem que repete a ciência feita pelos outros. Assim, no que toca ao professorado, por exemplo, a Faculdade de Filosofia quer formar professores que ensinem o que sabem e não o que acabam de ler.

De maneira semelhante ao ocorrido no restante do país, houve, na prática, desde a criação da Faculdade de Filosofia de Minas Gerais, o predomínio de interesses utilitários sobre os ideais culturais que guiavam muitos daqueles que lutaram pela implantação de uma Universidade que não se limitasse à formação de profissionais liberais. A Faculdade cedeu a esses interesses utilitários quando percebeu que, logo após sua criação, a baixíssima demanda de seus cursos poderia comprometer seu funcionamento. O texto do edital de convocação para exames vestibulares da época, endereçado aos estudantes dos colégios secundários da capital, esclarecia a *utilidade* de seus cursos:

> os diplomas que se obtêm na Faculdade de Filosofia serão exigidos, a partir de 1º de janeiro de 1943, para o preenchimento de qualquer cargo ou função do magistério secundário e normal e para o desempenho de outros cargos ou funções públicas que serão fixadas em leis especiais. (apud HADDAD, 1988, p. 124-25)

Dessa forma, a Faculdade de Filosofia de Minas Gerais estava destinada, fundamentalmente, à formação do professor secundário. A pesquisa, apesar de ser uma atividade muito desejada, era bastante incipiente.

Essa Faculdade possuía uma estrutura complexa com feições de uma microuniversidade, em que cinco seções (Filosofia, Ciências, Letras, Pedagogia e Didática) coexistiam no mesmo espaço, colocando em contato estudantes com interesses diversos, possibilitando uma convivência diversificada e rica intelectualmente. Era responsável pela realização de 11 cursos ordinários, ministrados nas seções de Letras, Filosofia, Ciências e Pedagogia, que tinham três anos de duração e conferiam aos alunos o diploma de bacharel e um especial (curso de Didática), em que a seção de Didática, responsável por um curso de mesmo nome, realizado em apenas um ano, conferia o grau de licenciado ao formando na área específica do curso de bacharelado. Como se sabe, essa estrutura ficou conhecida com o nome de "esquema três mais um".

Os depoimentos coletados nessa investigação confirmam a falta de prestígio acadêmico da licenciatura, o que parece ser algo tão antigo quanto a própria origem do curso. Segundo a fala de uma das entrevistadas, os estudantes da Faculdade de Filosofia consideravam-se formados no final do terceiro ano, quando recebiam o diploma de bacharel. A licenciatura, apesar de ser o curso que dava uma perspectiva profissional para esses alunos, não passava de um apêndice do curso de bacharelado.

> A gente recebia no fim do terceiro ano o diploma de bacharel, quer dizer todo mundo se formava bacharel no terceiro ano e depois fazia mais um ano para se formar licenciado. Então tínhamos dois diplomas, como eu tenho, diploma de bacharel e diploma de licenciado. A gente considerava que a formatura era no terceiro ano, depois a gente fazia mais um ano de Licenciatura, que era uma espécie de apêndice do curso. Mas, apesar disso, jamais passou pela cabeça de ninguém, eu acho, em nenhum dos cursos, que você tinha alguma coisa para fazer com esse Bacharelado, que esse Bacharelado lhe levasse para alguma coisa. Era uma coisa um pouco assim burocrática, convencional, tradicional, que no terceiro ano você se formava como bacharel, mas era tranqüilo que você só se formava mesmo profissionalmente com mais um ano. Mas que a gente fazia formatura era no terceiro ano, era (risos).[4]

A Faculdade de Filosofia funcionava sob o regime da cátedra. Segundo Haddad (1988), a maioria dos professores eram profissionais liberais formados pelos cursos tradicionais da época, predominando bacharéis em Direito, engenheiros, médicos e farmacêuticos. O restante do quadro era composto por professores estrangeiros, padres e pessoas que não tinham curso superior, mas

---

[4] Magda Becker Soares, entrevista em 18 de maio de 1995.

atuavam com destaque na vida cultural de Belo Horizonte como escritores, jornalistas e professores secundários. É importante ressaltar que as quatro *únicas* mulheres catedráticas da Faculdade, diplomadas em Escola Normal e com cursos de especialização, regiam cadeiras nas seções de Pedagogia e Didática.

É necessário frisar também que a Faculdade de Filosofia possibilitou o acesso de um número maior de mulheres ao ensino de 3º grau. Mais da metade dos formados nessa Faculdade, entre 1943 e 1955, era do sexo feminino.

> Um grande número de mulheres encontrou assim uma possibilidade de estudar em curso superior. Os pais às vezes não deixavam as filhas entrarem nas escolas superiores de formação profissional tradicional, porque era um local para homens. Papai sempre foi muito aberto em relação à educação, de modo que ele me liberou... Eu, por exemplo, quando fui para a Escola, mas eu era a única mulher do curso de Engenharia.[5]

Nessa época, o ensino e a formação para o magistério em nível superior "era, para a condição feminina, a alternativa possível, ou melhor, a mais *rentável*, para uma carreira de nível superior e a satisfação de ambições intelectuais" (GARCIA, 1994, p. 78. Grifo da autora).

Por estar ligada à formação docente, atividade pouco valorizada socialmente, por abrir espaços para o ingresso de mulheres no seu corpo discente e docente e pelo fato da pesquisa não ser uma atividade ainda bastante difundida, a Faculdade de Filosofia gozava de pouco prestígio em relação às escolas tradicionais.

> Todas as escolas que não correspondiam à tradição universitária brasileira, ou seja, que saíam fora do

---

[5] Beatriz Gonçalves de Alvarenga, entrevista em 2 de junho de 1995.

padrão tradicional das três grandes profissões, Engenharia, Medicina e Direito, eram consideradas como profissões de segunda categoria. Conseqüentemente as escolas que ministravam os respectivos ensinos não eram consideradas na distribuição do orçamento da Universidade; normalmente a maior parte da União ficava com essas três grandes faculdades, as outras ficavam com o que sobrasse.[6]

Além disso, a pesquisa realizada por Garcia (1994) constata que a Didática[7], na Faculdade de Filosofia, ocupava um lugar desprestigiado e desvalorizado frente às outras seções que se responsabilizavam pelas disciplinas de conteúdo científico, estas "mais preocupadas em desenvolver as atitudes de pesquisa e experimentação nos seus respectivos campos do saber".

Segundo essa autora, alguns fatores "contribuíram para a posição inferior que ocupou esse campo na hierarquia de saberes que constituíam as Faculdades de Filosofia": a natureza do conteúdo de Didática, que tinha "no seu horizonte imediato a profissionalização do magistério secundário", o fato da maior parte do corpo docente das disciplinas pedagógicas ser formado por mulheres e, finalmente, o menor capital social e escolar dos(as) primeiros(as) catedráticos(as) e professores(as) que ocuparam as cadeiras da seção de Didática[8] (GARCIA, 1994, p. 117-19). Nas suas palavras,

---

[6] Márcio Quintão Moreno, entrevista em 2 de junho de 1995.

[7] A autora refere-se à "Didática" tanto como o "curso de Didática" que abrangia o conjunto das disciplinas pedagógicas responsáveis pela formação do futuro licenciado quanto à "disciplina Didática" oferecida pela seção de mesmo nome da Faculdade de Filosofia.

[8] Esses(as) professores(as) tinham sua origem social em frações das classes médias e eram oriundos(as) do ensino primário com uma formação escolar e acadêmica que culminava na Escola Normal, quando muito, acrescida de algum curso de especialização, realizado em instituições que não tinham o *status* de escola de nível superior.

Esse conjunto de atributos conferiram a esses professores um capital simbólico menor face aos professores das outras seções da Faculdade de Filosofia, quase na sua totalidade portadores de diplomas de nível superior, obtidos nas tradicionais escolas de preparo para o exercício das profissões liberais (Idem, p. 119).

A autora acrescenta que

> as disciplinas pedagógicas pelo fato de serem diretamente responsáveis pela aproximação com o campo profissional representavam um "capitus diminutio" para os "filósofos", que tinham no seu horizonte o pesquisador e não o papel de professor secundário. (Idem, p. 119. Grifo da autora)

Na Faculdade de Filosofia de Minas Gerais, a falta de uma formação adequada do corpo docente para a investigação científica, a precariedade das instalações físicas, a falta de recursos e o fato dos professores trabalharem em regime de tempo parcial, praticamente inviabilizava a realização da atividade científica. Além disso, o mercado de trabalho oferecia maiores oportunidades para o magistério do que para a pesquisa.

Segundo Haddad (1988, p. 139), nessa Faculdade, a área que mais cedo teve condições de se equipar para a concretização dos objetivos ligados à formação de pesquisadores foi a de História Natural. O pioneirismo da História Natural no desenvolvimento da atividade científica fez com que esse se diferenciasse dos demais cursos da Faculdade, apresentando particularidades na formação de professores e pesquisadores da área biológica.

O curso de História Natural, instalado na Faculdade de Filosofia de Minas Gerais em 1942, tinha originalmente o mesmo ideal do curso da USP, porém, não possuía os mesmos recursos humanos e financeiros.

Segundo os depoimentos coletados nesta pesquisa, não estava claro para alunos e professores da História Natural qual era a finalidade desse curso na Faculdade e que profissional se pretendia formar.

Alguns afirmaram que apesar da existência de dois diplomas, o de bacharel e o de licenciado, o curso estava fundamentalmente voltado para a formação de professores para o ensino secundário, cuja necessidade parecia evidente, uma vez que tal atividade era exercida por outros profissionais, principalmente da área médica, sem uma formação específica para o magistério.

Sendo assim, não havendo uma perspectiva profissional nem uma definição clara a respeito do papel do bacharel em História Natural, esse curso tinha como produto final o professor, uma vez que a maioria dos alunos dirigia-se, ao final do terceiro ano, para a licenciatura. A intenção de formar o pesquisador existia na cabeça de alguns professores e era a pretensão da maioria dos alunos desse curso, porém não era dado a eles condições para tal formação. Além disso, as oportunidades de trabalho em pesquisa eram bastante restritas.

A presença e a atuação política do professor Braz Pellegrino na Faculdade de Filosofia, onde foi diretor no período de 1946 a 1948, foi essencial para a criação e o reconhecimento oficial do curso de História Natural, bem como para o desenvolvimento da investigação científica nesse *campo*.

Em maio de 1946, o professor José Pellegrino, filho do professor Braz, foi indicado como assistente da cadeira Biologia Geral do curso de História Natural e, no ano seguinte, em dezembro de 1947, o professor Giorgio Schreiber foi contratado, em regime integral, como interino de Zoologia (2ª cadeira). Ambos apresentavam um currículo bastante diferenciado dos demais docentes da Faculdade de Filosofia, podendo ser considerados autênticos pesquisadores.[9]

O professor Giorgio Schreiber, pesquisador italiano, era o único com o título de Doutor em todo o curso e também o único com formação em História Natural. Veio para o Brasil em 1940, fugindo das perseguições fascistas na Europa. Ao ser convidado pelo professor Braz Pellegrino para compor o corpo docente do curso de História Natural da Faculdade de Filosofia de Minas Gerais, Schreiber exigiu algumas condições: contrato em tempo integral, sala para realizar seus trabalhos, assistente em tempo integral, aquisição de uma lista de livros, assinatura de revistas e uma cátedra.

O professor Schreiber, por ter sido formado na prática de pesquisa, foi o primeiro formador de novos pesquisadores no curso de História Natural. "Seu método de trabalho influenciou a prática pedagógica do departamento, reforçando-a e adequando-a, para a construção do *habitus* de pesquisa" (PAIXÃO, 1994, p. 17). Schreiber incentivava os alunos a acompanhar, pelos periódicos especializados, a produção científica no Brasil e no mundo, a participar de reuniões científicas e a empenhar-se em atividades de pesquisa.

> Os alunos que estavam perto dele vivenciavam essa atmosfera da busca do conhecimento, não só da transmissão do conhecimento que era a tônica da Faculdade de Filosofia. O Schreiber mostrava o lado do conhecimento, do surgimento, o crescer do conhecimento e da aquisição do conhecimento. Então trabalhar com ele dava esse sentimento. Serviu

---

[9] Segundo o Guia da Faculdade de Filosofia da Universidade de Minas Gerais, até o ano de 1953, já haviam publicado mais de 50 trabalhos, sendo a maioria em revistas estrangeiras.

muito de exemplo para todos nós, pois era uma pessoa que sabia descobrir as coisas. Ele fazia uma ação baseada numa reflexão, fazia uma reflexão baseada na ação, então, isso aí para os estudantes foi uma oportunidade ímpar.[10]

Segundo Paixão (1994), a associação dos professores Braz Pellegrino e Giorgio Schreiber foi fundamental para o desenvolvimento da pesquisa biológica na FFMG. Apesar de estarem politicamente em campos opostos[11], academicamente estavam comprometidos com a construção de uma "universidade moderna".

O professor José Pellegrino, formado em Medicina, tornou-se pesquisador reconhecido por seus trabalhos em biologia parasitária. Sua contratação contribuiu para incrementar a formação científica dos alunos do curso de História Natural. Apesar de não ter sido um grande "mestre", assim como o foi o professor Schreiber, José Pellegrino teve importância na formação de uma nova geração de pesquisadores.

Pode-se dizer, então, que o surgimento da pesquisa no curso de História Natural está associado à entrada desses dois novos professores em seu quadro docente. As contratações desses pesquisadores possibilitaram o desenvolvimento de linhas de investigação no curso. De acordo com Haddad (1988, p. 140-41),

> o grande número de pesquisas realizadas, intensa participação em Congressos científicos e inúmeras publicações de grande projeção na área, são indicadores de sua atividade de pesquisador dedicado

---

[10] Humberto Coelho de Carvalho, entrevista em 23 de janeiro de 1995.

[11] A pesquisadora chama atenção para o curioso fato do professor Braz Pellegrino, italiano e amigo da fascista Casa de Itália, ter convidado para trabalhar na Faculdade de Filosofia o compatriota judeu, Giorgio Schreiber, que viera para o Brasil fugindo do regime anti-semita europeu.

também ao ensino. Como conseqüência da presença de professores bem preparados para atividades científicas, tendo inclusive o privilégio de contar com um professor em regime integral, o curso de História Natural conseguiu, mais cedo, resultados positivos na vinculação ensino e pesquisa.

Ainda em 1947, o esforço conjunto do catedrático de Biologia Geral, Braz Pellegrino, de seu assistente, José Pellegrino e do professor interino da 2ª cadeira de Zoologia, Giorgio Schreiber, já lançaria as bases para a criação do "Instituto de Biologia e de Pesquisas Correlatas" da Faculdade de Filosofia, um importante passo dado em direção à consolidação da prática de pesquisa no curso de História Natural.

O Instituto de Biologia e de Pesquisas Correlatas foi organizado em 1947 a partir da iniciativa do professor Braz Pellegrino, diretor da Faculdade, e da contribuição dos professores recentemente contratados, Giorgio Schreiber e José Pellegrino, com o intuito de desenvolver a investigação científica na FFMG.

Segundo palavras do próprio professor Braz Pellegrino,

> procurou o Instituto de Biologia ser, acima de tudo, uma manifestação viva e genuína daquele espírito universitário sempre invocado mas cada vez mais afungentado do meio assim chamado universitário (...)
> Um Instituto é, antes de tudo, uma unidade de pesquisa assim como uma Cadeira é essencialmente uma unidade didática. Esta divisão poderia, em tese, parecer imprópria, pois não se exclui, antes se exige que em qualquer Cadeira possa e deva haver pesquisa.[12]

---

[12] Ofício enviado ao Magnífico Reitor da Universidade de Minas Gerais, professor Lincoln Prates, em 23/11/1957.

Uma manobra do catedrático de Biologia Geral fez incluir no primeiro Regimento Interno da FFMG a previsão da criação de um laboratório de biologia orientado e dirigido pelo próprio professor. "Essa previsão regimental, atribuindo possibilidades para a criação de laboratórios ligados às cadeiras de Ciências, possibilitou com mais agilidade, a criação do Instituto de Biologia" (HADDAD, 1988, p. 140).

Apesar de receber referência especial no Anuário da Faculdade de Filosofia (1939-1953) e no Guia da Faculdade (1953), não havia um Estatuto ou Regimento Interno específico que legalizasse a existência do Instituto de Biologia. Segundo justificativa do professor Braz, "o bom senso e a grande vontade de realizar, de servir à causa da Universidade organizaram sua forma de vida interna e ditaram suas normas de conduta".[13]

A criação do Instituto de Biologia foi, na verdade, uma *estratégia*[14], que tornou possível a concentração de recursos materiais e humanos das duas cátedras diferentes, Biologia Geral e Zoologia (2ª cadeira), em torno de um objetivo comum, privilegiar um trabalho visando o fomento à pesquisa.

Segundo o depoimento de um dos entrevistados,

> esses professores, eles dividiam as parcas verbas e assim compravam material, davam bolsas, jogavam

---

[13] Ofício enviado ao Magnífico Reitor da Universidade de Minas Gerais, professor Lincoln Prates, em 23/11/1957.

[14] As *estratégias*, com o sentido que lhe é atribuído por Bourdieu (1983, 1990), são "ações inteligíveis, mas não necessariamente inteligentes ou resultantes de um cálculo racional e cínico, que orientam as escolhas e os interesses dos agentes em função de um *habitus* adquirido e das possibilidades que um determinado campo oferece para obtenção e maximização dos lucros específicos em jogo no campo em questão".

com o dinheiro (...). Então eles conseguiam várias coisas que os outros não conseguiam. Para comprar um aparelho caro, somavam-se os dois e adquiriam o equipamento. Então assim eles conseguiram sobreviver. Em média as disciplinas da Biologia Geral e da Zoologia eram melhores... porque tinham mais condições, eram aulas mais modernas, em termos de biologia mais avançadas e isso por causa da pesquisa que estava lá... então eles captavam recursos mais fácil e eles distribuíam ali as benéfices..."[15]

Os dizeres do próprio professor Braz Pellgrino confirmam o depoimento anterior.

> Escassos nos princípios, praticamente nulos em seguida, foram melhorando com a simbiose realizada entre as Cadeiras de Biologia Geral e Zoologia II. *Vis unita fortior!* As verbas das duas Cadeiras possibilitaram a aquisição de material indispensável para o trabalho.[16]

Os resultados dessa simbiose foram sentidos logo nos primeiros anos de funcionamento do Instituto de Biologia. Os relatórios correspondentes aos exercícios financeiros e à prestação de contas da Faculdade de Filosofia são a prova do sucesso desse empreendimento. Por exemplo, no biênio 1948-1949, a rubrica "despesas referentes à seção de ciências naturais" mostra que os gastos de materiais de laboratório foram todos para o Instituto de Biologia, não havendo referências às outras matérias do curso nem às cadeiras de Física e Química. No ano seguinte, ou seja, em 1950, praticamente

---

[15] Humberto Coelho de Carvalho, entrevista em 23 de janeiro de 1995.

[16] Ofício enviado ao Magnífico Reitor da Universidade de Minas Gerais, professor Lincoln Prates, em 23/11/1957 (Grifos do original).

a metade da verba patrimonial da Faculdade foi destinada ao Instituto.

Usando de seu crescente prestígio no *campo acadêmico* da Faculdade de Filosofia, o Instituto de Biologia obteve, pela "compreensão da Administração da Faculdade e da solidariedade da Congregação", uma verba anual própria para atender a algumas despesas extraordinárias. Além disso, esse Instituto passou a receber recorrentemente auxílio financeiro da Fundação Rockefeller, o que representava um grande estímulo às pretensões desse grupo.

Apesar dos privilégios conquistados dentro da Faculdade de Filosofia, o Instituto de Biologia sonhava com sua autonomia para o desenvolvimento da pesquisa pura na área biológica. Em ofício enviado ao Reitor da Universidade de Minas Gerais, o professor Braz Pellegrino escreve:

> a única solução que se nos afigura justa e viável é a de colocar-se o Instituto em situação eqüidistante de Faculdades às quais poderia servir, e ligado diretamente à Reitoria como unidade neutra a serviço do ensino e da pesquisa.[17]

As diferentes concepções a respeito dos objetivos daquela Instituição acabaram por dividir os grupos, determinando assim a própria divisão do espaço na Faculdade de Filosofia. O Instituto de Biologia já prenunciava a especificidade de um grupo que se direcionava para a atividade de pesquisa e se preparava para tornar hegemônico, a partir da Reforma Universitária de 1968.

---

[17] Ofício enviado ao Magnífico Reitor da Universidade de Minas Gerais, professor Lincoln Prates, em 23/11/1957.

A Reforma Universitária e a consolidação das Ciências Biológicas na UFMG

Como se sabe, é a partir da Lei n° 5.540/68, mais conhecida como Lei da Reforma Universitária, que os cursos de licenciatura sofrem uma grande transformação, uma vez que ela retira das Faculdades de Filosofia, Ciências e Letras a responsabilidade total pela formação do licenciado. Além disso, todas as demais propostas da Reforma Universitária deixam sua marca na nova configuração da licenciatura.

Essa Lei, ao estabelecer o princípio da indissociabilidade ensino/pesquisa, propõe a pesquisa como elemento associado, em igualdade de condições, à atividade de ensino. Observa-se, a partir desse momento, o reconhecimento e o fortalecimento institucional da prática de pesquisa nas universidades.

Segundo Paixão (1994, p. 1), "a reorganização da Universidade proposta pela reforma foi objeto de disputa, opondo interesses acadêmicos hegemônicos e interesses acadêmicos emergentes, que procuravam impor-se". O modelo organizacional da universidade moderna proposto pela Reforma respondeu aos interesses de ordem acadêmica de um grupo específico, aquele ligado à pesquisa. A ele se opunha outro grupo, aquele que se identificava com a formação profissional e, conseqüentemente, com o ensino da graduação.

Observa-se, a partir daí, uma reorganização das relações de poder no *campo universitário* brasileiro e uma nova orientação na distribuição de *capital específico* desse campo. A pesquisa passa a ser a principal atividade acadêmica e os méritos dela advindos são acumulados na forma de *capital científico*. Os principais indicadores de posse desse tipo de capital são as publicações, em especial as internacionais, as apresentações de trabalho em congressos científicos, as orientações de teses e dissertações e o reconhecimento de seus *pares-concorrentes*, outros membros da comunidade científica. Nesse contexto, o ensino (de graduação) é pouco valorizado e ele pouco ou nada contribui para acumulação de capital científico.

A criação dos institutos centrais representou um passo importante no sentido da consolidação da prática de pesquisa na universidade. Por outro lado, o ensino de graduação e, mais especificamente, o ensino voltado para a formação profissional vai seguir um processo gradativo de perda de espaço institucional e importância simbólica.

Na UFMG, o movimento de reforma encontrou grande resistência por parte dos catedráticos mais ligados às unidades tradicionais. As maiores reações à Reforma vinham principalmente de setores ligados à Faculdade de Medicina e à Escola de Engenharia, com apoio de setores de outras unidades que "dispunham de menor participação na estrutura de poder", como a Farmácia e a própria Filosofia. Essa reação porém não foi unânime, existindo grupos dentro dessas instituições interessados nos desdobramentos da Reforma.

> Houve, por exemplo, apoio de alguns catedráticos da área básica da Faculdade de Medicina como o Professor Amílcar Vianna Martins, pesquisador pioneiro na área de Parasitologia, que viu na criação do Instituto de Ciências Biológicas uma solução promissora para a valorização da pesquisa básica e o desenvolvimento de cursos de pós-graduação. (HADDAD, 1988, p. 150)

O estudo realizado por Paixão (1994), ao relatar o conflito entre cátedras da área básica e da área profissional na Faculdade de Medicina, explicita as tensões e as dificuldades de implantação do Instituto de Ciências Biológicas na UFMG. De acordo com a autora,

> a estrutura universitária, produzida pelo agregado de faculdades e articulado em torno da cátedra, privilegiava a formação profissional. Nessa estrutura, a pesquisa e seus agentes ocupavam lugar secundário. Assim, compreende-se que essa categoria docente almejasse uma reorganização da universidade que lhes fosse mais favorável. (Idem, p. 18)

Tratava-se, segundo a autora, de dar nova organização à Universidade, transformando-a numa instituição produtora do saber, nos moldes das universidades modernas. Isso supunha o enfrentamento dos interesses das faculdades profissionais de prestígio que dominavam a Universidade. Os agentes da prática emergente articularam-se propondo uma nova estrutura em que a prática de pesquisa fosse hegemônica.

Na Faculdade de Medicina, por exemplo, as tensões foram produzidas pela oposição de interesses simbólicos entre "catedráticos-médicos", aqueles que se ocupavam das cadeiras do ciclo profissional e identificavam-se, prioritariamente, com a formação profissional e "catedráticos-pesquisadores", responsáveis pelas cadeiras básicas e que priorizavam a prática da pesquisa.[18] Esse grupo

---

[18] De acordo com Bourdieu (1983a, p. 136-140), nas lutas no interior do campo, os agentes ou grupos de agentes concorrentes desenvolvem estratégias de "conservação" e "exclusão", ou então de "subversão", de acordo com suas posições relativas no interior do campo. Essas estratégias, as primeiras levadas a efeito pelas ortodoxias (aqueles que ocupam as posições dominantes no interiror do campo) e, as segundas, implementadas pelas heterodoxias (aqueles que ocupam as posições dominadas no campo ou que são dele excluídos), visam, em última análise, defender ou conquistar uma determinada posição dominante, nas hierarquias constitutivas do campo, que se expressa no poder definir os critérios e o monopólio do exercício legítimo de uma determinada atividade científica.

ligado às áreas básicas aderiu à idéia da criação do ICB, pois ali as atividades de pesquisa e de formação de novos pesquisadores na área biológica, por meio da criação dos cursos de pós-graduação, seriam prioritárias e a Biologia, como disciplina autônoma, encontraria condições de se afirmar.

Enquanto na Medicina, Odontologia, Farmácia e Veterinária a pesquisa ocupava no currículo e no espaço institucional um lugar secundário, de apoio às cadeiras de formação profissional, na Faculdade de Filosofia sua situação era diferente. No curso de História Natural, os "catedráticos-pesquisadores" ocupavam lugar de prestígio na estrutura acadêmica do poder, pois ali a formação profissional não era dominante e a de professor não era socialmente prestigiada. Por outro lado, "se internamente o lugar da pesquisa era mais confortável, no confronto com as faculdades de prestígio, no âmbito da Universidade, a Faculdade de Filosofia era desprestigiada" (PAIXÃO, 1994, p. 18).

Sendo assim, até o final dos anos 60 a pesquisa biológica na UFMG ocupava posições dominadas. Na análise de Paixão (1994, p. 18), "dominada no interior da Faculdade de Medicina, Faculdade de prestígio. Dominante na Faculdade de Filosofia, Faculdade de pouco prestígio." Essa situação, porém, começará a se inverter a partir da consolidação dos institutos centrais na Universidade e, em especial, da criação do Instituto de Ciências Biológicas, onde a prática da pesquisa, prática heterodoxa, tornar-se-á hegemônica.

Percebe-se então que a Reforma de 1968 e a consolidação dos institutos básicos na Universidade instaura a supremacia dos novatos no *campo acadêmico*, daqueles agentes dotados de um *habitus* de pesquisa, que possuem e acumulam capital científico por meio da atividade de investigação. Conseqüentemente, esses passaram de dominados a dominantes, a pesquisa transformou-se em uma prática ortodoxa e passa a ter um alto preço no campo universitário brasileiro. Os novos dominados são aqueles que se ocupam principalmente do ensino (de graduação), atividade cada vez menos valorizada nesse *campo*.

Após conquistarem essa luta concorrencial, resultado de um investimento herético de longo prazo, os novos agentes do *campo* passam a aumentar seus lucros e a disputar os novos dividendos. A constituição do ICB/UFMG, a formação de seus departamentos, a criação do curso de Ciências Biológicas e suas transformações são exemplos claros das tensões e das novas relações de poder instituídas no interior desse campo universitário a partir da Reforma.

O menor *status* acadêmico da atividade de *ensino* em relação à *pesquisa*, da graduação comparada à pós-graduação, da licenciatura em relação ao bacharelado e as dificuldades de implementação de mudanças nos cursos de formação de professores são hoje o reflexo das relações de força, das lutas e estratégias, dos interesses e lucros estabelecidos no *campo universitário* brasileiro desde sua origem. Os desafios colocados para a melhoria dos cursos de licenciatura talvez sejam muito maiores que uma simples reforma curricular, que mudanças nas ementas, nomes e carga horária das disciplinas ou na concepção de formação de professores que se tem hoje nas universidades.

Por outro lado, não são medidas simplistas e banalizadoras que procuram retirar das universidades a responsabilidade pela formação docente que irão resolver os problemas atuais das licenciaturas. Além disso, a não-valorização do profissional da educação, seus salários aviltantes, as precárias condições de trabalho e a falta de um plano de carreira para a profissão continuam sendo problemas fulcrais que prosseguem sem solução em nosso país e que afetam diretamente as questões da formação inicial de professores.

REFERÊNCIAS BIBLIOGRÁFICAS

A LICENCIATURA EM QUESTÃO. *Ciência e Cultura*, São Paulo, 40 (2): 143-57, 1988.

ALVARENGA, Beatriz. Licenciatura X bacharelado. *Caminhos*, Belo Horizonte, 3: 39 — 45, 1991.

ALVES-MAZZOTTI, Alda Judith. Representações sociais: aspectos teóricos e aplicações à educação. *Em Aberto*. Brasília, 14 (61): 60-78, jan./mar. 1994.

ANDRÉ, Marli Eliza Dalmazo Afonso de. Estudo de caso: seu potencial na educação. *Cadernos de Pesquisa*, 49: 51-4, maio 1984.

_____. Formação de professores em serviço: um diálogo com vários textos. *Cadernos de Pesquisa*, São Paulo, (89): 72-75, maio 1994.

ARROYO, Miguel G. Quem de-forma o profissional do ensino? *Revista de Educação AEC*, Brasília, 14 (58): 7-15, out./dez. 1985.

BALZAN, Newton César. "Hei de vencer, mesmo sendo professor ou a introjeção da ética do dominador". *Revista de Educação AEC*, Brasília, 14 (58): 16-21, out./dez. 1985.

_____. PAOLI, Niuvenius J. Licenciaturas — o discurso e a realidade. *Ciência e Cultura*, São Paulo, 40 (2): 147-51, 1988.

BICUDO, M. A. V. SILVA JÚNIOR, C. A. da (orgs.). *Formação do educador*, vols. 1, 2 e 3. São Paulo: Unesp, 1996.

BOURDIEU, Pierre. *A economia das trocas simbólicas*. São Paulo: Perspectiva, 1974, p. 361.

_____. O campo científico. In: ORTIZ, Renato (org.). *Pierre Bourdieu: sociologia*. São Paulo: Ática, 1983a, p. 122-55.

_____. Algumas propriedades dos campos. In: *Questões de sociologia*. Rio de Janeiro: Marco Zero, 1983b, p. 89-94

_____. *Questões de sociologia*. Rio de Janeiro: Marco Zero, 1983b. 208 p.

_____. A gênese dos conceitos de habitus e de campo. In: *O poder simbólico*. Lisboa: Difel, 1989, p. 59-73

_____. *O poder simbólico*. Lisboa: Difel, 1989, p. 311.

_____. O campo intelectual: um mundo à parte. In: *Coisas ditas*. São Paulo: Brasiliense, 1990, p. 77-95.

_____. *Coisas ditas*. São Paulo: Brasiliense, 1990, p. 234.

BRAGA, Mauro Mendes. A licenciatura no Brasil: um breve histórico sobre o período 1973-1987. *Ciência e Cultura*, São Paulo, 40 (2): 151-57, 1988.

BRUSCHINI, Cristina e AMADO, Tina. Estudos sobre mulher e educação: algumas questões sobre magistério. *Caderno de Pesquisa*, São Paulo, (64):4-13, fev. 1988.

BRZEZINSKI, Iria. Trajetória do movimento para as reformulações curriculares dos cursos de formação de profissionais da educação: do Comitê (1980) à ANFOPE (1992). *Em Aberto*. Brasília, 12 (54): 75-86, abr./jun. 1992.

_____ (org.). *Formação de professores: um desafio*. Goiânia: UCG, 1996.

CANDAU, Vera Maria Ferrrão. A formação de educadores: uma perspectiva multidimensional. *Em Aberto*. Brasília, 1 (8): 19-21, ago. 1982.

_____. (coord.). *Novos rumos da licenciatura*. Brasília: INEP, 1987, p. 93.

_____. e LELIS, Isabel Alice. A relação teoria-prática na formação do educador. *Tecnologia Educacional*, Rio de Janeiro (55): 12-8, nov./dez. 1983.

CARDOSO, Teresinha Maria. Magistério primário: trabalho de mulher. Reunião Anual da ANPED, 14, São Paulo, 1991. *Anais*. São Paulo: ANPED, 1991.

CARVALHO, Anna Maria Pessoa de. Reformas nas licenciaturas: a necessidade de uma mudança de paradigma mais do que de mudança curricular. *Em Aberto*, Brasília: INEP, 54, abr./jun., 1992.

_____. VIANNA, Deise Miranda. A quem cabe a licenciatura. *Ciência e Cultura*, São Paulo, 40 (2): 143-47, 1988.

CATANI, Denice Bárbara et alii (orgs.). *Universidade, escola e formação de professores*. São Paulo: Brasiliense, 1986.

CELANI, Maria Antonieta Alba. A educação continuada do professor. *Ciência e Cultura*, São Paulo, 40 (2): 158-63, 1988.

CHERVEL, André. História das disciplinas escolares: reflexões sobre um campo de pesquisa. *Teoria & Educação*, Porto Alegre, 2: 177-229, 1990.

CURY, Carlos Roberto Jamil. Notas acerca do saber e do saber fazer da escola. *Cadernos de Pesquisa*, São Paulo, (40): 58-60, fev. 1982.

EM ABERTO. Tendências na formação de professores. Brasília, ano XI, n. 54, abr./jun. 1992.

ENCONTRO NACIONAL DE DIDÁTICA E PRÁTICA DE ENSINO (ENDIPE), 8, v. 2. Formação e profissionalização do educador. Anais. Florianópolis, 1996.

FACULDADE DE FILOSOFIA DE MINAS GERAIS. Guia da Faculdade de Filosofia da Universidade de Minas Gerais. Belo Horizonte, 1953, p. 59.

_____. Anuário da Faculdade de Filosofia da Universidade de Minas Gerais (1939-1953). Belo Horizonte, 1953, p. 495.

FELDENS, Maria das Graças Furtado. Pesquisa em educação de professores: antes, agora e depois? Fórum Educacional, Rio de Janeiro, 7 (2): 26-44, abr./jun. 1983.

_____. Educação de professores: tendências, questões e prioridades. *Tecnologia Educacional*, Rio de Janeiro, 13(61): 16-26, nov./dez. 1984.

FORQUIN, Jean-Claude. Saberes escolares, imperativos didáticos e dinâmicas sociais. *Teoria & Educação*, Porto Alegre, 5: 28-49, 1992.

FÓRUM DE LICENCIATURAS. Universidade de São Paulo. Documento Final, São Paulo, 1991.

GADOTTI, Moacir. Educação para quê e para quem? (A favor de quem, contra quem?) — Ou por um novo projeto de educação. *Cadernos Cedes*. Licenciatura. 2. ed. São Paulo: Cortez, 8, 10-24,1987.

GARCIA, Maria Manuela Alves. *"Tempos pioneiros" — A constituição do campo da didática no ensino superior brasileiro*. Belo Horizonte: Faculdade de Educação da UFMG, 1994, p. 217. (Dissertação, Mestrado em Educação).

GATTI, Bernadete A. A formação dos docentes: o confronto necessário professor X academia. *Caderno de Pesquisa*, São Paulo, n. 81, maio 1992.

_____. *Formação de professores e carreira*. Campinas: Autores Associados, 1997.

HADDAD, Maria de Lourdes Amaral. *Faculdade de Filosofia de Minas Gerais: raízes da idéia de universidade na UMG*. Belo Horizonte: Faculdade de Educação da UFMG, 1988, p. 167. (Dissertação, Mestrado em Educação).

HAGUETTE, André. Educação: bico, vocação ou profissão? *Educação & Sociedade*, São Paulo, 38:109-121, abr. 1991.

HYPOLITO, Álvaro Moreira. Processo de trabalho na escola: algumas categorias para análise. *Teoria & Educação*, Porto Alegre, 4: 3-21,1991.

KREÜTZ, Lúcio. Magistério: vocação ou profissão? *Educação em Revista*, Belo Horizonte, (3): 12-16, jun. 1986.

LOPES, Eliane Marta Santos Teixeira. A educação da mulher: a feminização do magistério. *Teoria & Educação*, Porto Alegre, 4:22-40, 1991.

LOURO, Guacira Lopes. Magistério de 1º grau: um trabalho de mulher. *Educação e Realidade*, Porto Alegre, 12:31-9, 1989.

LÜDKE, Menga. Combinando pesquisa e prática no trabalho e na formação de professores. *ANDE*, São Paulo, 12 (19): 31-38, 1993.

_____. *Avaliação institucional: formação de docentes para o ensino fundamental e médio (as licenciaturas)*. Série: Cadernos CRUB, v.1, n.4, Brasília, 1994.

_____. ANDRÉ, Marli. *Pesquisa em educação: abordagens qualitativas*. São Paulo: EPU, 1986. 99 p.

_____. GOULART, Sílvia M. Licenciatura: novos caminhos pela via da interdisciplinaridade. Reunião Anual da ANPED, 17, Caxambu, 1994. *Anais*. Belo Horizonte: ANPED, 1994.

MADEIRA, Margot Campos. Representações sociais: pressupostos e implicações. *Revista Brasileira de Estudos Pedagógicos*, Brasília, 72 (171): 123-222, maio/ago. 1991.

MEDIANO, Zélia Domingues. A formação do professor de prática de ensino. *Educação & Sociedade*, São Paulo, 17:138-147, 1984.

MELLO, Guiomar Namo de. *Magistério de 1º grau: da competência técnica ao compromisso político*. São Paulo, Cortez. 1982.

MENEZES, Luís Carlos de. Formar professores: tarefa da universidade. In: CATANI, Denice Bárbara et alii (orgs.). *Universidade, escola e formação de professores*. São Paulo: Brasiliense, 1986, p. 115-25.

_____. (org.). *Professores: formação e profissão*. Campinas: Autores Associados, 1997.

MIZUKAMI, Maria da Graça Nicoletti. *Ensino: as abordagens do processo*. São Paulo: EPU, 1986, p. 119.

MOSCOVICI, Serge. *A representação social da psicanálise*. Rio de Janeiro: Zahar, 1978, p. 291.

NAGLE, Jorge. As unidades universitárias e suas licenciaturas: educadores X pesquisadores. In: CATANI, Denice Bárbara et alii (orgs.). *Universidade, escola e formação de professores*. São Paulo: Brasiliense, 1986, p. 161-172.

NOGUEIRA, Maria Alice. Elementos para uma discussão da relação classes médias/escola. Reunião Anual da ANPED, 17, Caxambu, 1994. *Anais*. Belo Horizonte: ANPED, 1994.

NOSELLA, Paolo. Compromisso político como horizonte da competência técnica. *Educação e Sociedade*, São Paulo, (14): 91-7, 1983.

NÓVOA, Antônio. *Os professores e a sua formação*. Lisboa: Publicações Dom Quixote, 1992, p. 158.

NUNES, Clarice. A sina desvendada. *Educação em Revista*, Belo Horizonte, (2): 58-65, dez. 1985.

OLIVEIRA, Betty. Aprendendo a ser educador técnico + político. *Educação e Sociedade*, São Paulo, (15): 20-31, ago. 1983.

_____. A prática social global como ponto de partida e de chegada da prática educativa. *Tecnologia Educacional*, Rio de Janeiro, (66/67): 6-10, set./dez. 1985.

ORTIZ, Renato (org.). *Pierre Bourdieu: sociologia*. São Paulo: Ática, 1983, p. 191.

PAGOTTO, Maria Dalva Silva. *Formação e atuação: um estudo sobre representações de professores*. São Carlos: Centro de Educação e Ciências Humanas da UFSCar, 1988. (Dissertação, Mestrado em Educação).

_____. *A UNESP e a formação de professores*. Campinas: Faculdade de Educação da Universidade Estadual de Campinas, 1995. (Tese, Doutorado em Educação).

PAIXÃO, Léa Pinheiro. Cátedra e hegemonia da prática docente na Faculdade de Medicina da UFMG. Reunião Anual da ANPED, 17, Caxambu, 1994. *Anais*. Belo Horizonte: ANPED, 1994.

PENIN, Sonia Terezinha de Sousa. A professora e a construção do conhecimento sobre o ensino. *Cadernos de Pesquisa*, São Paulo, (92): 5-15, fev. 1995.

PERRENOUD, Philippe. *Práticas pedagógicas, profissão docente e formação: perspectivas sociológicas*. Lisboa: Publicações Dom Quixote, 1993, p. 206.

RAMALHO, Betânia Leite. CARVALHO, Maria Eulina P. de. O magistério enquanto profissão: considerações teóricas e questões para pesquisa. *Cadernos de Pesquisa*, São Paulo, (88):47-54, fev. 1994.

RIBEIRO, M. L. S. Movimento dos professores: as greves de 78 e 79 no estado de São Paulo. *ANDE*, São Paulo, 2(4):26-30,1982.

SANTOS, Lucíola Licínio de Castro Paixão. Problemas e alternativas no campo da formação de professores. *Revista Brasileira de Estudos Pedagógicos*. Brasília: INEP, 72 (172): 318-34, set./dez. 1991.

_____. Formação de professores e qualidade do ensino. In: *Escola Básica*. Campinas: Papirus, 1992, p. 137-146, Coletânea CBE.

_____. Formação do(a) professor(a) e pedagogia crítica. In: FAZENDA, Ivani (org.). *A pesquisa em educação e as transformações do conhecimento*. Campinas: Papirus, 1995, p. 17-27.

SAVIANI, Demerval. Uma estratégia para a reformulação dos cursos de pedagogia e licenciatura: formar o especialista e o professor no educador. *Em Aberto*. Brasília, 1 (8): 13-18, ago. 1982.

_____. Competência política e compromisso técnico; o pomo da discórdia e o fruto proibido. *Educação e Sociedade*, São Paulo, (15): 111-43, ago. 1983.

SOARES, Magda Becker. As pesquisas nas áreas específicas influenciando o curso de formação de professores. *Cadernos da ANPED*. 5: 103-18, set. 1993.

TEIXEIRA, M. C. S. Administração e trabalho na escola: a questão do controle. *Revista Brasileira de Estudos Pedagógicos*, Brasília, 66 (154): 432-47, set./dez. 1985.

TRIVIÑOS, Augusto Nibaldo Silva. *Introdução à pesquisa em ciências sociais: a pesquisa qualitativa em educação*. 3. ed., São Paulo: Atlas, 1992, p. 175.

VALA, Jorge. Sobre as representações sociais — para uma epistemologia do senso comum. *Cadernos de Ciências Sociais*, Lisboa, 4: 5-30, 1986.

_____. MONTEIRO, Maria Benedicta. *Psicologia social*. Lisboa: Fundação Calouste Gulbenkian, 1993.

VIANNA, Deise Miranda. Formação do professor de física para o 2° grau: a ciência como objeto de ensino e pesquisa. Reunião Anual da ANPED, 16, Caxambu, 1993. *Anais*. Porto Alegre: ANPED, 1993.

Qualquer livro do nosso catálogo não encontrado nas livrarias pode ser pedido por carta, fax, telefone ou pela Internet.

Rua Aimorés, 981, 8º andar – Funcionários
Belo Horizonte-MG – CEP 30140-071

Tel: (31) 3222 6819
Fax: (31) 3224 6087
Televendas (gratuito): 0800 2831322

vendas@autenticaeditora.com.br
www.autenticaeditora.com.br

Este livro foi composto com tipografia Times new roman, e impresso em papel Off Set 75 g. na Artes Gráficas Formato.
Belo Horizonte, dezembro de 2007.